米中
「二大帝国」の戦争はもう始まっている

アメリカの敗北と中国の野望、そして日本の生きる道

Two great empires war between America and China has already begun

米経済誌『フォーブス』元アジア太平洋支局長
ベンジャミン・フルフォード

かや書房

カバー写真提供・ロイター／アフロ

はじめに

「正義を説くのもよかろう、だが力によって獲得できる獲物が現れたとき、正邪の分別にかかずらわって侵略を控える人間などあろうはずがない」(トゥキュディデス著、久保正彰訳『戦史(上)』)

これは古代ギリシア世界のアテネ人が、戦争の機運高まる中で行った演説の一部である。紀元前5世紀、ポリス(都市国家)の一つであるアテネは、新興の大国として急激に力をつけていた。この演説はまさにその隆盛と驕りを色濃く映し出しているが、増長するアテネに対して既存の覇権国家であるスパルタとその同盟国は、アテネ勢の侵略が迫っていることに大きな危機感を抱いていた。

紀元前431年、同盟国からの要請を受けたスパルタは、ついにアッチカへの侵攻を開始。これにより、ギリシア世界を二分するペロポネソス戦争の火蓋が切られたのだった——。

本のタイトルとはまるで異なる、遠い時代の話に戸惑った読者も多いかもしれない。しかし2400年以上も前の出来事と同じことが、我々が生きている21世紀前半のこの時代にも起きようとしているのだ。しかもそのスケールは、ギリシア世界のように限られた地域にとどまらない。地球規模で全世界、全人類を巻き込む破滅のシナリオ。私たちの望む望まないにかかわらず、そのときは刻一刻と近づいている。

新たな大国が生まれようとするとき、覇権への衝動は決して止めることができない。それが人間の恐るべき普遍的欲求であることは、アテネ人の演説が示している通りだ。新興勢力と支配勢力の衝突が悲惨な結果をもたらすことはわかりきったことだが、人類は幾度となくそのようなことを繰り返してきた。これを俗に「トゥキュディデスの罠」という。過去500年間において少なくともその事例は16あるといわれ、そのうち12が戦争に発展している。古くは16世紀前半、ハプスブルグ家（スペイン、ドイツ）とヴァロア家（フランス）がイタリア覇権をめぐって争ったイタリア戦争。明治以降、富国強兵で国力を増した日本も、中国、ロシア、アメリカとの間で戦争を繰り広げ、二度の勝利と一度の大敗を経験している。

現在の新興勢力とは他に言うまでもない、中国のことである。21世紀に入り、経済力、軍事力を伸ばし続ける中国の躍進は凄まじく、ＡＩＩＢ（Asian Infrastructure Investment Bank＝アジアインフラ投資銀行）の設立、アジア・ヨーロッパ・ロシア・アフリカを含む経済圏構想「一帯一路」の提唱など、新たな覇権国家への下地作りを休むことなく着々と進めている。

その中国を恐れているのは、20世紀から世界を支配し続けてきたアメリカ合衆国だ。２０１７年1月に大統領に就任したドナルド・トランプの発言と行動からも、アメリカが中国を強く意識していることは明白である。その米中の間で、今まさにトゥキュディデスの罠に従い、大国同士の衝突が起ころうとしている。中国の野心とアメリカの恐怖心が極限に達すれば、後戻りのできない事態は避けられないだろう。

多くの人は、その衝突は軍事的なものであると想定するに違いない。しかし必ずしも、「米中戦争」は軍事によるものとは限らない。貿易戦争、サイバー戦争、研究競争など、両国はさまざまな面から世界覇権を掌握しようとしのぎを削っている。いわば現代の「二大帝国」は、すでに戦争状態にあるのだ。

この二大国の狭間で生きている日本は、否が応でもこの衝突の煽りを受けることになる。そのときに道を一歩でも誤れば、個人資産が吹き飛び、仕事が奪われ、国民の生命が失われるようなことも簡単に起こってしまう。そうならないために私たちは正しく、新しい情報を常に更新し続けなければならない。

「自分はいつでもスマートフォンで最新ニュースを読んでいる。北朝鮮からミサイルが飛んできてもいいようにJアラート（全国瞬時警報システム）のアプリも入れている」

それで自分の身が守れると思っていたら大間違いである。本編でも紹介するが、アメリカで今「マスコミを信用している人」の割合は、たったの6％しかない。一部の人間に都合のいい報道を続けてきたことが、アメリカ国民にも知れ渡っているのだ。それなのに日本のメディアは、ワシントン・ポストやニューヨーク・タイムズなどの報道をあたかも「信用あるソース」として裏取りもせずに、翻訳だけしてたれ流している。そんな情報をスマートフォンでキャッチしても何の意味もない。

Ｊアラートもしかり。北朝鮮のミサイルは、1998年に北朝鮮が人工衛星を飛ばした時点でアメリカも射程圏内に入れている。北朝鮮の核ミサイルが本当に脅威というなら、そのときから警戒すべきで、今ごろになって日本中が大騒ぎしている。最近、政府がテレビＣＭまで使ってＪアラートの宣伝をしているのは、何か裏があるからだと思うべきだ。「どうして今なのか」「誰が仕掛けているのか」ということを見抜く力が国民レベルでも必要なのだ。

2016年のアメリカ大統領選挙で、日本ではヒラリー・クリントンが勝利すると思っていた人が圧倒的に多かった。これこそが日本人が大手メディアに毒されていることを示す証左といえる。アメリカの政府や軍、ＣＩＡ関係者らに取材をしている私のメルマガなどをご覧になっている人たちは見方を誤ることはなかった。しかし、今なお、多くの人がだまされ続けている現実を看過するわけにはいかない。

嘘にまみれたこの時代を生き抜くには、手持ちの資産よりも「正しい情報」がモノを言う。

銀行にお金をたくさん預けていても、財布にいくら現金が入っていても、大量の株を保有していても、明日、その人の資産価値はゼロになるかもしれない。アメリカのドルが紙くずであることが明らかにされようとしている今、貨幣が従来の価値を失うことも想定しておかなければならないだろう。

本書では、今世界で何が起こっているのか、そしてこれから何が起ころうとしているのかを、とりわけ日本に直接影響を及ぼすアメリカと中国の対立にスポットを当てながら紐解いていく。ただし、「この国はアメリカ寄りだ」「いや中国寄りだ」といった二元論的に考えると必ずどこかで矛盾が生じてしまうので注意してもらいたい。この世界には、国家の枠組みに収まらない勢力が存在している。彼らがどんな権力を有し、国際政治の場にどのように絡んでいるかを注視しなければ、米中の権力争いがどう動いているのかも見えてこないのだ。最初にこの世界の仕組みから説明をすると、あまりに複雑で混乱してしまう読者も少なくないと思われるので、本書は次のような5章構成でお届けする。

第1章　「アメリカ崩壊」の現実と中華帝国の野望
第2章　トランプVS習近平　米中戦争「激突のシナリオ」

第3章　トランプ大統領誕生と「世界の黒幕」の権力闘争
第4章　欧州、中東、アジアで高まる「動乱の危機」
第5章　安倍「奴隷」政権と収奪される日本の財産

最初の2章では、「米中関係をのぞき見るレンズ」を用いて最新の米中情勢を解説する。日本や欧米のマスコミは今もアメリカが世界一の国だと人々に信じ込ませているが、実態はそうではない。二流国家に落ちまいとするアメリカと、いよいよ世界の頂が見えてきた中国がすでに戦争状態にあるということを、ここで皆さんにも認識してもらおう。

第3章からは、米中二元論で生じる矛盾を取り除くために、「世界情勢の裏側をのぞき見るレンズ」に切り替える必要がある。その背後関係はより複雑になっていくが、世界情勢を正しく理解するには避けては通れないプロセスだ。暗躍する勢力の正体を暴きながら、最新の世界情勢と日本および日本周辺の情勢をお伝えする。

日本でも若い人たちはもう気付き始めている。テレビや新聞でプロパガンダが横行しているということを。マスコミが人々の道しるべとなる時代は終わった。日本人も今こそ真実を知るべき時だ。

CONTENTS

目次

米中
「二大帝国」の戦争はもう始まっている

アメリカの敗北と中国の野望、そして日本の生きる道

Two great empires war between America and China has already begun

【第3章】トランプ大統領誕生と「世界の黒幕」の権力闘争……103
――混迷を極めるアメリカの「闇の勢力図」

第1章

「アメリカ崩壊」の現実と中華帝国の野望

最強国家アメリカがなぜ、中国に勝てないのか？

1991年のソ連崩壊以降、地球上で唯一の超大国となったアメリカは、政治、経済、軍事、学問、娯楽、インターネット、すべてにおいて世界をリードし、支配し続けた。しかし、それはもう過去の話。今、世界の中心軸は、アメリカではなく中国に移りつつある。アメリカに守られ、アメリカ文化に染まった日本人には信じがたい現実をお見せしよう。

深刻な年金危機にみる「アメリカ崩壊」の現実

2015年8月、アメリカのイリノイ州で前代未聞の騒ぎがあった。州が発売した宝くじの賞金が、当選者たちに未払いになっていたのだ。ロイターによると、2万5000ドル以下の賞金は当選者に支払われていたが、それを超えるものは「州の財政危機」を理由に支払いが凍結されていた。大都市シカゴを抱えるイリノイ州は、全米でも第5位のGDPを誇る。そんな豊かであるはずの州で起こった宝くじの未払いというニュースは、またたく間に全米を駆け巡った。

宝くじというものは、そもそもが公平性の疑わしいイベントである。抽選番号が操作されているのではないか。宝くじの売れ残りの中から当たり券だけを関係者が抜き取っているのではないか。そんな懐疑的な見方をする人でもこのニュースには新たな驚きがあったはずだ。賞金を用意していない状態で宝くじを販売していたのか、と。

宝くじの購入者の多くは低所得者層ともいわれる。少ない収入から「夢」を信じて宝くじを購入したのだから、当たればすぐにでも賞金が欲しいし、遅れた分だけ利子も付けてもらわないと気が済まないだろう。イリノイ州での未払い騒動では当選者たちに「後から支払う」と説明がされたようだが、彼らが怒りと不安の日々を過ごしたのは言うまでもない。

ただ、こうも考えることができる。「困ったのは宝くじに当たった人だけだから、珍しい話ではあるが大きな問題ではないだろう」と。

確かに当選しなかった人や、宝くじを買わない人にとっては、直接影響することのない話である。多少の支払いの遅れがあったとしても、それほど遠くない未来に賞金が支払われれば当選者たちの怒りもやがて鎮まる。

ではこれが、年金給付金の未払いだったらどうだろうか。

実はイリノイ州は、年金の積み立て不足が深刻な自治体である。約70万人が加入しているイリノイ州の公務員年金の積み立て不足額は1000億ドルを突破し、年金財政の健全性を示すファンディング比率（年金債務に対する年金資産の比率）は安全とされる80％を大きく下回る40％ほどにまで低下している。これはアメリカに50ある州の中で最低の数字だ。このままでは財源が枯渇するため、支給開始年齢の引き上げや支給額の減額、増税が避けられないところまで来ている。

宝くじの賞金未払いと年金危機。両者は別次元の問題であるように思われるが、「財政危機」という一つのワードで密接につながっている。どちらも詐欺的な方法でお金を集め、それを増やして返すとしているが、実際は後になっても支払わない方向に話を進めようとしている。イリノイ州はまるで倒産寸前の企業と同じように、自転車操業で財政を回しているも同然なのだ。

年金問題は今、イリノイ州を筆頭に、全米各地で深刻な事態となっている。年金が破綻するということは、国家という集合体までも破綻することを意味する。そう考えると、今は全米各地に時限爆弾がセットされているようなものである。政府はイスラム過激派によるテロを警戒しているが、外に敵を作ることで、自分たちの失政を覆い隠そうとする魂胆が見え見えである。彼らが起こす年金破綻という名の爆破テロのほうが、はるかに被害は大きい。

世界経済フォーラムの統計によると、アメリカの年金積み立ての不足額は、２０１５年時点で28兆ドルに上る。日本も11兆ドルと深刻な状況だが、不足額が膨らむスピードは比べ物にならない。２０５０年時点で、日本の不足額が26兆ドルと予測されているのに対して、アメリカの不足額は137兆ドルだ。成熟しきったアメリカで、これから人口増加率や経済成長率が一気に上昇するとは考えにくい。137兆ドルを用意できるはずもないのだから、国家の破綻を防ぐ方法はただ一つ、「給付金を渡さない」ということになる。若い世代は払い損になり、絶望と不安に満ちた老後を迎えるだろう。

宝くじの未払い騒動は、日本から見れば珍妙な海外ニュースの一つにしか思われないかもしれない。しかしそれは、アメリカ崩壊の一端を見せるのには十分なものである。今後、国家破綻を先延ばしするための「公営詐欺」が当たり前のように横行するのは想像に難くない。

株価の「史上最高値」にだまされるな！

2017年6月19日、アメリカのダウ平均（ダウ工業株30種平均）が過去最高値となる2万1528ドル99セントを記録した。株価を目安に景気観測をする人たちは、「アメリカ経済はまだまだ強い」「トランプのおかげで好景気が訪れた」と思ったに違いない。同年6月には、日本でも日経平均株価が1年半ぶりに2万円台を回復していた。やはりというべきか、日本の景気が上向いていると浮かれたメディアは少なくなかったようだ。

しかし私が以前からメルマガなどで指摘しているように、アメリカ、日本、そしてヨーロッパで見られる近年の株高は演出要素が濃く、実体経済をまったく反映していないものになっている。それどころか悪影響すらあるといえる。

昨今の株高で得をしているのは一般市民ではない。インサイダー情報を持つ一部の既得権益者たちと、スーパーコンピュータで超高速取引を行っている一部の大手欧米金融機関だけである。それ以外の一般投資家たちは、コンピュータにはどうあがいても勝てないことに気付き、株式市場から撤退するようになった。中にはこの株高で儲かったという人もいるだろうが、それは株を塩漬けにしていたか、単に運が良かっただけのことである。世の中の多くの人たちは、株価上昇とは何の関係もない生活を送っている。むしろ既得権益者たちがさらにボロ儲けするのを見て、格差の広がりに絶望し、やる気をなくしてしまっているというのが現実だ。

「どうせがんばっても働いてもいい暮らしはできない」

そう思う人が増えたために、豊かであるはずの先進国でも社会全体の活力が失われてしまっている。既得権益側の政治家や御用学者たちは、超富裕層にお金が回れば庶民の生活も豊かになると喧伝していたが、実際はそうはならず、格差社会が拡大するだけだった。体のいい理屈で庶民のささやかな富を収奪していたのだ。世界経済の低迷は、演出された株高に象徴されていると言っても過言ではない。

では誰がどのようにして、株高を演出しているのか。

その「首謀者」はすでに明らかになっている。欧米、そして日本の中央銀行である。

中央銀行とは、国、あるいは地域の金融機関の中枢に位置する銀行で、一般的な銀行とは役割が異なる。一般的にその役割は三つあるとされている。①通貨発行権を行使し、通貨を発行すること。②「銀行の銀行」として、民間の銀行にお金を貸したり、民間の銀行からお金を預かったりすること。③「政府の銀行」として国庫金を預かること。本来、この役割をしっかり果たして国の経済全体をコントロールしなければならないのが中央銀行だが、実際には暴走して、この三つの役割を「権力」に置き換えて乱用しているのが各国中央銀行の実態である。

各国の中央銀行が株高演出のためにやっていることは何か。まずはアメリカの中央銀行であるＦＲＢ（米連邦準備制度理事会）から明らかにしよう。

他の中央銀行と同じく、ＦＲＢも通貨発行権を持っている。アメリカの通貨発行権とは、要はドル紙幣を刷る権限だ。古い紙幣を回収し、新しい紙幣を流通させることで、市場全体のドルの量をコントロールする役割が与えられている。ドルの発行量を増やすと理論的にはアメリカ人のドル資産が増えるが、相対的にドルの価値が薄まるので、度を超えて発行し続けるとやがてインフレーションが発生する。ただ闇雲にドルを発行すればいいというものではないところに金融政策の難しさがある。紙幣の流通量のコントロールに失敗すると、経済がバランスを失い、やがて失速し始めるのだ。

ＦＲＢは２００８年のリーマン・ショック以降、量的緩和（量的金融緩和政策）を進めるために大量のドルを刷り続けた。お金というものは働いて得られるものだと思っている人には不思議に映ることだろう。発行者は、自分たちで「欲しい」と思ったときにお金を刷ることができ、それを使って買い物をすることもできる。まるで無から財を生み出す打ち出の小槌のような話だが、これこそが今の金融資本主義の大きな欠陥でもある。中央銀行は、自分たちで「これが１００ドルです」と書いた本当は価値のない紙を、大衆に配ってだましているにすぎないのだ。本来ならば、通貨を発行するからには紙幣の担保となる何かを持っていなければならない。例えば、金（ゴールド）が担保なら、１万ドル分の紙幣をいつでも１万ドル分の金と交換できなければならないが、実のところ彼らは金を持っていない。子供が紙切れに1万円と書いて、「はい、これ1万円」と渡してくる行為と何ら変わりないのに、それがまかり通っているのだ。

ではそのＦＲＢを牛耳っているのは誰かという話は後述するとして、ここではその新しく

演出された「株高」と「好景気」
儲かっているのは一部の既得権益者のみ

2017年、株高に沸くニューヨーク証券取引所。新政権発足後、「トランプ景気」によってアメリカの株価は過去最高値を更新。日本でも日経平均株価が2万円台を回復したが、賃金アップや物価上昇率は鈍化したまま、好景気にはほど遠い。結局、株高の恩恵は一般市民には還元されず、一部の既得権益者が得しただけである。

刷られたドルが向かった先に注目してもらいたい。

ＦＲＢが金融政策として新たに刷ったドルは結局、一般市民の手には渡らなかった。貧困層が増えているのがその証拠だ。では紙幣はどこに向かったのかというと、株式市場や債券市場である。つまり株や債券を持っている者だけが儲かったのが、量的緩和政策だったというわけである。知識のない一般市民は「株高になり、景気が回復しています」というメディアの言い分をそのまま鵜呑みにしている。自分たちの給料は上がっていないのに、なぜかそれを信じてしまっているのだ。

株高が演出であるという根拠がおわかりいただけただろうか。株式市場が健全だった時代なら、ＲＯＥ（自己資本利益率）やＰＥＲ（株価収益率）、ＰＢＲ（株価純資産倍率）などを見ながら企業の将来性を予測して株を買っていればそれなりの結果を残せた。しかし今は「system failure」、すなわちシステムが崩壊し、株高というものは市場の思惑や景気に関係なく、いつでも中央銀行が作り出すことができるようになっている。株価が経済状況を読み解く指標とはならなくなったのだ。

アメリカ以外の中央銀行がやっていることも同じだ。スイス、スウェーデン、デンマーク、そして日本の中央銀行が導入した「マイナス金利政策」も、株高を演出するためのマジックだった。

俗に「銀行の銀行」と呼ばれる中央銀行では、民間の銀行からお金を預かっている（正しくは日本の中央銀行である日本銀行も株式を上場する民間企業だ）。我々個人が銀行にお金を預けると利子が付くように、民間銀行が中央銀行にお金を預けた際にも利子が付く。通常の金利であれば預けていたお金が少しずつ増えていくが、マイナス金利の状態では預けているだけで残高が少しずつ減っていく。これはつまり、お金を預けていることの手数料を取られていることと同じことだ。

各銀行は「黙ってお金を取られるくらいなら」と、民間企業への融資を積極的に行なうようになる。それにより民間企業が新しい事業を始めるようになるので、経済全体が活発になるというのが、この政策の表向きの狙いだ。

しかし実際にはそうはなっていない。賃金は上がらない。年金も事実上破綻している。物価だけが上昇している。そんな中で若者が夢や将来設計を描くことなどできるわけもなく、結婚もできない、子供を持つこともできない人たちで溢れかえっている。かといって高齢者は安泰なのかというと、そうでもない。年金逃げ切り世代といわれる彼らも、受給開始年齢の引き上げや受給額の引き下げによって、定年になっても現役を引退することができず、老体に鞭打って再び仕事を探す羽目になっている。病気になって働けなくなったらもう終わりだ。国から生活保護を受けられているうちはまだいいが、これもいずれ財源の枯渇で縮小されていくだろう。貯蓄も資産形成もできていない今の若年層が、20年から30年後、この年代になったとき、街は貧困老人で溢れかえることになる。

マイナス金利政策では結局、目的としていた民間企業への融資は増えなかった。民間銀行は中央銀行から引き上げたお金を融資に回さずに、やはりと言うべきか、株式市場や債券市場に回してしまった。そのため、資金を欲している中小企業はより苦しくなり、実体経済の活性化にはつながらなかった。ここでも儲かったのは、一部の既得権益者だけである。政策の実施前からそんなシナリオも予期されていたが、中央銀行が非を認めるはずもなく、今なおその愚政を続行する始末だ。

前述の年金危機も、最たる原因は中央銀行が推し進める低金利政策にある。金利が低くなったことで年金基金は予定していた運用益を得られなくなってしまい、積み立て計画が破綻しているのだ。実体経済の回復による健全な株価上昇であればこうはならないのだが、机上の空論を頼りに人為的な株価操作をしても、必ずどこかにほころびが生じることはわかりきっている。それがやがて、取り返しのつかない国家の破綻劇につながるのだ。

本書では、金融のトピックに関してこの後も取り上げていく。金融というものは、人類がこの先の世界をどうするか、つまり「戦争をするか平和的に進めるか」を決める際の心理的プロセスに大きく関わってくる。米中の戦いも、金融覇権競争の成り行き次第で戦争か、平和的解決かが決まるといっていいだろう。

プエルトリコ破綻でアメリカ倒産もカウントダウン

2017年5月3日、アメリカの自治領であるプエルトリコが破綻手続きに入った。すでに2年前にデフォルトを宣言していたプエルトリコの債務は740億ドル。これは2013年に財政破綻したデトロイト市の約4倍にも上る額だ。

カリブ海に浮かぶ小さな島・プエルトリコは、面積でいえば日本の鹿児島県ほどの大きさしかない。そこに暮らすのはおよそ350万人の人々。亜熱帯の温暖な気候に恵まれ、サトウキビやコーヒー、パイナップルなどの栽培が盛んだが、主要産業は観光業。ビーチにはバカンスで訪れる観光客も多い。

GDPは1000億ドルあまり。人口も経済規模も、アメリカの1%に満たない地域だが、私はプエルトリコの破綻がアメリカ倒産につながる重要な分岐点であると考えている。メディアは報道規制を敷いているのだろう。プエルトリコの破綻を淡々と報じるのみで、その影響範囲は小さいとまでいっているが、この問題は未来の歴史学者たちが「アメリカ史の分岐点」と振り返るであろう重要な意味を持っているのだ。

プエルトリコ経済に暗雲が垂れ込めるようになったのは、2008年のリーマン・ショックからだといわれている。景気の悪化で観光客が減り、税収も減った。債務を返済できなくなり破綻したというわけだ。しかし実際にはそれ以外の要因もある。プエルトリコはアメリカ本土とは異なる優遇税制が敷かれていたことから、多くの多国籍企業がこの島に進出していた。プエルトリコで製薬業が盛んなのはそのためだ。しかし90年代後半から優遇措置は徐々に縮小、あるいは廃止され、メリットのなくなった企業が一つ、また一つ撤退していったのである。

プエルトリコのデフォルト時点での債務支払い能力は、年間で8億ドル程度にまで下がっていた。これは年間の支払い義務のわずか25%しかない。ここまで絶望的状況になりながらもデフォルトの手続きがなかなか進まなかったのは、特殊な管理体制にある。一足先にデフォルトしたデトロイト市は、アメリカ政府から独立した地位を持つ州の管轄下にあったが、自治領であるプエルトリコはアメリカ大統領が元首であり、ワシントンD.C.が直接管轄権を持っているのだ。つまりプエルトリコは、アメリカ政府の子会社ということになる。そのプエルトリコを破綻させてしまうということは、アメリカの破綻を意味するものだからワシ

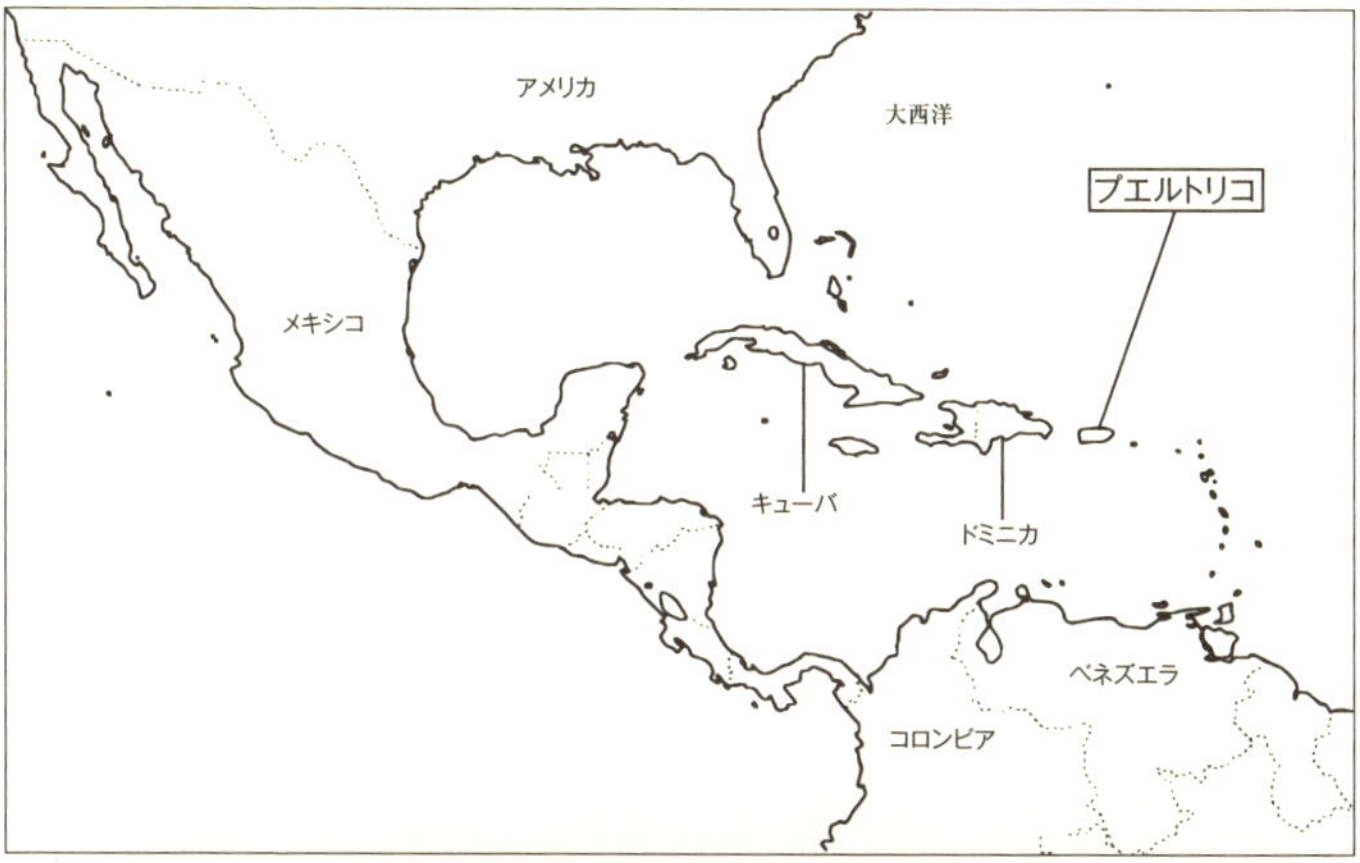

自治領プエルトリコの破綻で「アメリカ倒産」へカウントダウン

アメリカ国旗とプエルトリコの旗が翻るプエルトリコの政府庁舎。プエルトリコの破産額は740億ドルで、自治体としては米国史上最大の破産となった。プエルトリコ債は米国の民間金融機関、企業、富裕層などが多く所有していため、今後、金利政策や年金基金の運用への多大な影響が懸念されている。

ントンD.C.は意地でもプエルトリコを破綻させたくなかった。しかしもはや自分たちに子会社を守る力がなくなったため、そうせざるを得なくなってしまったのだ。

プエルトリコ破綻の影響は、今後間違いなくアメリカ経済を直撃する。アメリカとプエルトリコの結び付きは、単に自治領ということにとどまらない。人や企業が行き来するところにはマネーの行き来がある。ここで問題になるのは、プエルトリコが発行している「プエルトリコ債」だ。

プエルトリコ債を多く所有しているのは、アメリカの政府や民間金融機関、企業だ。当然、富裕層レベルでは個人資産の投資先に選択している人も多い。プエルトリコ政府は債務の全額返済は不可能だと認めており、今後プエルトリコ債が暴落、あるいは償還されないというケースは十分に考えられる。負の連鎖がプエルトリコ債を大量保有していた団体や個人に及び、関係なかったはずの人まで間接的に巻き込んでいくだろう。それがやがて、ワシントンD.C.の倒産へとつながる。

アメリカ政府は今、この問題を「知らん顔」してやり過ごそうとしているが、決して逃げ切ることはできない。債権者たちも指をくわえて傍観しているわけではない。アメリカ本土では、債務の減額を求めるプエルトリコ（つまりワシントンD.C.）と償還を求める債権者たちの間で交渉や裁判が続くであろう。市場では「第二のギリシャの危機」と呼ばれ、「破産ドミノ」が警戒されている。このような自治体の破産が相次げば、アメリカという国は今以上のスピードで疲弊していく。その過程で、アメリカ政府を打倒する新たな動きも見られるだろう。アメリカ史上最大の自治体破綻は、簡単には幕引きできない大きな問題なのだ。

ハワイがアメリカから独立する日

プエルトリコの破綻で現実味を帯びてくるのが、ハワイの独立だ。カリブ海のプエルトリコと、太平洋のハワイ。同じアメリカとはいえ、およそ9000キロ、時差にして6時間も離れた二つの地域が、いったいどのように連動するというのか。

プエルトリコの破綻手続きを前にした2017年4月のある日、プエルトルコ人たちが同じカリブの島国、キューバに集結していた。今から半世紀以上も前、1961年に起こった「ピッグス湾事件」でのキューバの勝利を共に祝うためだ。

ピッグス湾事件とは、1961年4月15日からの5日間、アメリカがフィデル・カストロ革命政権の打倒を試みて攻撃を仕掛けた事件だ。このときアメリカから送り込まれたのは、在米亡命キューバ人部隊だった。彼らはCIAの支援により中米のグアテマラで軍事訓練を受けた後、キューバ本島南岸のピッグス湾（現地での呼称は「コチーノス湾」）から侵攻したが、キューバ軍との戦闘の末に撃退されている。この年の1月、アメリカとキューバの両国は国交を断絶していたが、ピッグス湾事件により関係はさらに悪化。翌年のキューバ危機へとつながる重要な局面であった。

アメリカ自治領のプエルトリコ人がキューバまで足を運んでキューバの戦勝記念日を祝ったのは、両国の歩んできた歴史と関係がある。プエルトリコの旗とキューバ国旗（配色と縦横比以外は同じ）を見比べてみてもわかるように、両者はいわば兄弟のような間柄なのだ。

中米カリブが世界史の表舞台に初めて登場するのは、大航海時代の1492年のことである。クリストファー・コロンブスが西インド諸島に到達したことをきっかけに、ヨーロッパ列強による支配が始まったのは皆さんも学校で学んだことだろう。キューバとプエルトリコは、コロンブスが最初の航海でたどり着いており、16世紀初頭から400年近くにわたりスペイン帝国の植民地支配が続いた。19世紀から活発になった独立運動で時局が大きく動いたのは1895年から始まった第二次キューバ独立戦争である。この戦争はカリブ海での影響力を強めようとしていたアメリカの介入を招き、1898年にアメリカとスペインの米西戦争へと発展する。

革命で独立を果たしたキューバが
プエルトリコ独立派の精神的な支え

キューバ革命を果たしたフィデル・カストロが演説する様子。アメリカの植民地支配を打倒した後、独自の社会主義政策を続けた。プエルトリコには大統領選挙において予備選のみで本選での投票権がないなど「２級市民」扱いされ、独立への機運が常にくすぶっている。隣国キューバの英雄の思想に連帯を示すプエルトリコ人も多い。

この戦いに勝利したアメリカは、キューバとプエルトリコの支配権をスペインから奪っただけでなく、どさくさ紛れにフィリピンやグアムなど、それまでスペインが持っていた植民地までも手に入れてしまう。アメリカの太平洋での覇権を決定づけた戦争でもあった。ただ、キューバとプエルトリコからすれば、スペイン支配がアメリカ支配に変わっただけだった。プエルトリコはアメリカの自治領となり、1902年に独立を果たしたキューバも実質的にはアメリカの支配下に置かれることになった。

それでもキューバは完全な独立を諦めなかった。1959年に起こしたキューバ革命により、アメリカの傀儡だった当時のキューバ政権を打倒し、フィデロ・カストロのもと社会主義国家の道を歩むことになったのである。

プエルトリコ人は、非常によく似た歴史をたどってきたキューバに親近感を持っている。19世紀半ば、スペインからの独立運動の中で生まれたキューバとプエルトリコの旗が似ているのも、ピッグス湾事件の戦勝記念日にプエルトリコ人が集まったのも、19世紀に起こった独立運動が今なおプエルトリコで続いていることを意味している。もちろんプエルトリコ内も一枚岩ではないが、キューバが独立した先例は独立派の人々にとっての支えになっている。ましてやプエルトリコはワシントンD.C.の管理下のもとで破綻したのだ。アメリカにノーを突き付ける理由もはっきりとしている。新しい政権を自分たちの手で樹立するまたとないチャンスが訪れているといえるだろう。

もしプエルトリコが独立を達成すれば、近代アメリカが先住民から強奪した地域では独立運動が相次ぐだろう。アメリカ合衆国といえば、国民の愛国心に満ちた国というイメージが強いかもしれない。ただそれは、ハリウッドのプロパガンダ映画の影響を受けているにすぎない。実際のアメリカでは、州単位での独立運動がたびたび起こっている。そのうち最も活発な州がハワイというわけだ。

ハワイがアメリカになる前、そこにはもともとハワイ原住民たちの王国があった。その存在は国際的にも認知されていたが、19世紀に移民のアメリカ人が勝手に「ハワイ共和国」という名の新政府を設立した。そのときの中心人物の一人が、サンフォード・ドール。バナナとパイナップルで有名なあのＤｏｌｅ（ドール）を展開した一族である。ドールはハワイ共和国大統領となり、その後アメリカに「ハワイ準州」として併合された際も初代知事となった。王国の消滅から併合に至る過程は決して平和的なものではなく、アメリカ移民に反抗する先住民たちは次々に虐殺されていった。ハワイの美しい自然からは想像もつかないような凄惨な過去がそこにはあるのだ。

ハワイが正式にアメリカに併合されたのは１８９８年のことで、歴史としてはまだ浅い。そのため、先住民たちの結束力は今も強く残っている。それを象徴する出来事が、Ｆａｃｅ bookの創業者であり、CEOのマーク・ザッカーバーグによる土地購入騒動だ。

ザッカーバーグは2014年にカウアイ島の700エーカー（約2・8平方キロメートル）の土地を1億ドルで購入した。この際、所有権が文書化されていない土地を自分のものと確定すべく、ザッカーバーグは裁判を起こしたが、地元住民から強い反発を受けた。その土地は文書化されていないものの、ハワイの先住民が先祖から受け継いできた土地だったのだ。ザッカーバーグは後に訴えを取り下げることになるが、ザッカーバーグが敷地内に作った1・8メートルの「壁」が住民の間で不評を買うなど、両者のわだかまりは今もとけていない。地元にお金を落としてくれる大金持ちに対してハワイの住民がこれだけ反発しているのは、「ここは自分たちの土地である」という意志を強く持っていることの表れだろう。ちなみにザッカーバーグは、世界的権力者の孫であることがわかっている。このことについては第3章で詳しく述べよう。

ハワイの独立が他よりも現実的なのは、独立を目指す住民が多くいることと、経済的自立の可能性があるからだ。世界中から観光客が訪れるハワイは、富裕層たちのバカンスの場にもなっている。常夏だから安定した観光収入が見込める。また米軍基地をそのまま維持する代わりに、莫大な家賃収入を手にすることも可能だ。アメリカの太平洋・アジア覇権にとってハワイは重要な拠点だが、ハワイにとってアメリカの一部であるメリットは薄まっている。

カリフォルニアが離脱？全米各州の独立運動が加速

プエルトリコ、ハワイの独立運動に触発されて、全米各州の独立運動が加速する可能性もある。アメリカの各州で独立運動が起こっていることは日本にはあまり伝わってこないので「まさか」と思う人も多いだろうが、実は国際社会でもすでに認知されていることだ。例えば欧州委員会のジャン＝クロード・ユンケル委員長は、トランプがイギリスのＥＵ離脱を支持したことを受けて、「If he goes on like that I am going to promote the independence of Ohio and Austin, Texas in the US」（もし彼がそういったことを続けるのであれば、私はオハイオ州とテキサス州オースティンの独立を支援する）と公の場で発言している。

バラク・オバマが再選された２０１２年の米大統領選後には、全米各州の市民が連邦政府からの離脱を求める請願書を提出している。すでに多くの市民が離脱に向けた行動を起こし始めているが、中でもカリフォルニア州とテキサス州は独立運動が盛んな州で、「Brexit（イギリスのＥＵ離脱）」になぞらえて、「Calexit」や「Texit」などと呼ばれ市民権を得つつある。

カリフォルニア州で独立運動を主導しているのは、「Yes California Independence

Campaign（イエス・カリフォルニア独立キャンペーン）」という名の活動を繰り広げる団体だ。反トランプ運動の一環で参加する人も多いが、もともとこの活動が始まったのはトランプが有力候補として躍り出る前の2015年のことである。カリフォルニア州民の間では、アメリカ合衆国に納める連邦税などへの不満がかねてからあった。

カリフォルニア州の人口は、アメリカの州では最大の約4000万人にのぼる。そして面積は日本よりもやや広い、約42万平方キロメートル。ロサンゼルスやサンフランシスコといった西海岸を代表する大都市のほか、IT産業のシリコンバレーも抱えている。州のGDPは約2・4兆ドルと、国でいえばフランスやインドを上回るほどの経済規模だ。独立すれば世界第6位の先進国が誕生することになる。

GDP約1・6兆ドル、全米2位の面積を誇るテキサス州でも、1990年代から「Texas Nationalist Movement（テキサス・ナショナリスト運動）」などの市民団体を中心に独立運動が本格化している。もともとスペインから独立したメキシコの領土だったこの地域は、アメリカ合衆国になる前の1836年からの1845年までの間、テキサス共和国として独立していた時期がある。そのせいか、テキサスの人々は独立心が旺盛で、政治家らもことあるごとに連邦政府に反発してきた。前州知事で現在はトランプ政権のエネルギー長官を務めるリック・ペリーは、知事時代にオバマケアを拒否する姿勢を見せた。またテキサス州では

2015年に、金・銀を法定通貨として認める法案が成立している。これは明らかにドルへの不信から生まれたもので、連邦政府とFRBへの反発と見ることができる。

そしてカナダに近いワシントン州やオレゴン州、ニューイングランド地方の6州、アラスカ州などでは「アメリカを離脱してカナダに入りたい」という人たちが増えているという。カナダはアメリカよりも犯罪発生率が低く、健康保険料も安い。アメリカの連邦政府よりもカナダ政府を信用している人たちは多く、「United States of Canada」の誕生を望む声もあるのだ。一部の州では、独立の是非を問う住民投票を行うための準備も始まっている。州の独立やカナダ併合が実現すれば、アメリカは今の半分ほどの領土しか残らない。こうなるとアメリカの国際社会での地位は著しく低下し、中国の競争相手にもならないだろう。

米中「全面戦争」が起きれば、アメリカが敗北する

プエルトリコの破綻により、アメリカの逼迫した財政事情が明らかになった。しかし、それでも依然としてアメリカに覇権がある根拠として、その圧倒的な軍事力を挙げる人は少な

くない。最新鋭の空母、軍用機、爆弾、ミサイル迎撃システムなどをテレビやネットで嫌というほど見せられている日本人にとっては、米軍以上の存在は認めがたいに違いない。

しかしそれは認識が10年遅れていると言わざるを得ない。確かに10年前、アメリカと比較対象になるような軍事力を持つ国はなかった。日本もアメリカにくっついていれば安全が保障された時代だ。

ところが2010年代になると中国の台頭が目立ち始め、「アメリカ一強神話」の信憑性が徐々に怪しくなってきた。特に南シナ海や日本近海においては中国の軍艦が急激に増え、時には中国の軍艦がアメリカの軍艦に嫌がらせをすることもあるくらいだ。

中国がアメリカを牽制するようになったのは、対米防衛ラインとして二つの「列島線」を設定したことによる。一つは鹿児島から沖縄、台湾、フィリピンへと続き、最後は南シナ海をぐるりと囲む第一列島線。もう一つは伊豆諸島から小笠原諸島、北マリアナ諸島、サイパン、グアム、そしてパプアニューギニアへとつながる第二列島線だ。中国はまず、第一列島線から確保し、太平洋進出への足がかりを作ろうとしている。日本の尖閣諸島に中国の漁船が大挙してやってくるのも第一列島線確保の一環だ。これが実現するだけでも日本には大きなインパクトだが、第二列島線は日本の半分、そしてグアムまでも飲み込む、アメリカの太平洋支配体制をも揺るがすプランとなっている。

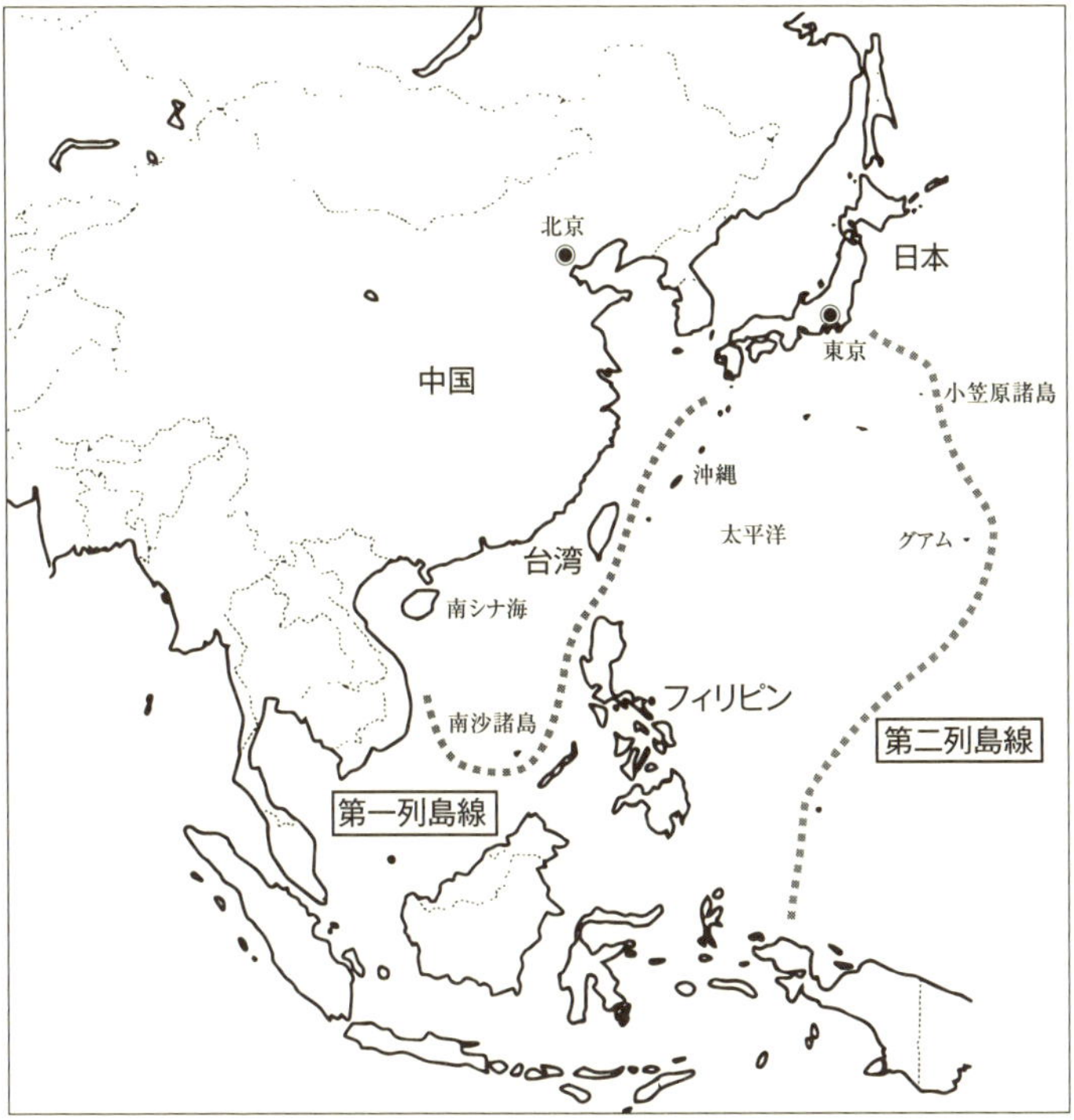

中国が太平洋に引いた対米防衛ライン「第一列島線」と「第二列島線」

中国が引いた「第一列島線」と「第二列島線」。防衛戦略上の目標海域および対米防衛ラインを想定している。冷戦後の90年代以降、中国はまず「第一列島線」で太平洋進出に乗り出した。そのライン上に日本の尖閣諸島があり、たびたび衝突が起きている。次に「第二列島線」で制海権の拡大を図り、東アジアでの米中の緊張が高まっている。

この二つの列島線は日本でも多くのマスコミに取り上げられて、認知度は高い。しかしこの戦略を中国の戯言だと思った人も多かったはずだ。そうなる前に沖縄やフィリピンの米軍が手を打つだろう、と。しかしこれまでのところ、アメリカは中国の戦略を制限するような行動には出ていない。せいぜい非難声明を出すか、近海でイージス艦を航行させる程度だ。日本で知識人と呼ばれる人たちが議論している間に、中国はあれよあれよという間に南沙諸島にも人工島を建設してしまった。そこまでされてもアメリカは何もできない。それだけ衝突を避けたい存在なのだ。

では実際、米中の軍事力の差はどれほど縮まっているのだろうか。もっと言えば、「米中戦争」が勃発したら、どちらが勝つのか。このことに関しては、米軍でも繰り返しシミュレーションされている。その結果、今なおアメリカのほうが有利で、中国が力をつけているとはいえアメリカの勝利は揺らぐものではなかった。

アメリカの軍事力評価機関「Global Firepower」が2017年に発表した世界127カ国の最新軍事力ランキングでも、アメリカはしっかりと1位を堅持している。中国はロシアに次ぐ3位である。

また、ストックホルム国際平和研究所（Stockholm International Peace Research Institute＝SIPRI）が2017年に世界各国の軍事費についてまとめた「Trends in

世界軍事力ランキング（2017年　上位10カ国）

※ PwrIndx＝Power Index　軍備や人口、経済力などから算出され、数値が小さいほど軍事力が高い

（出所）GFP公表データより作成

1	アメリカ	PwrIndx 0.0857	6	イギリス	PwrIndx 0.2131
2	ロシア	PwrIndx 0.0929	7	日　本	PwrIndx 0.2137
3	中　国	PwrIndx 0.0945	8	トルコ	PwrIndx 0.2491
4	インド	PwrIndx 0.1593	9	ドイツ	PwrIndx 0.2609
5	フランス	PwrIndx 0.1914	10	エジプト	PwrIndx 0.2676

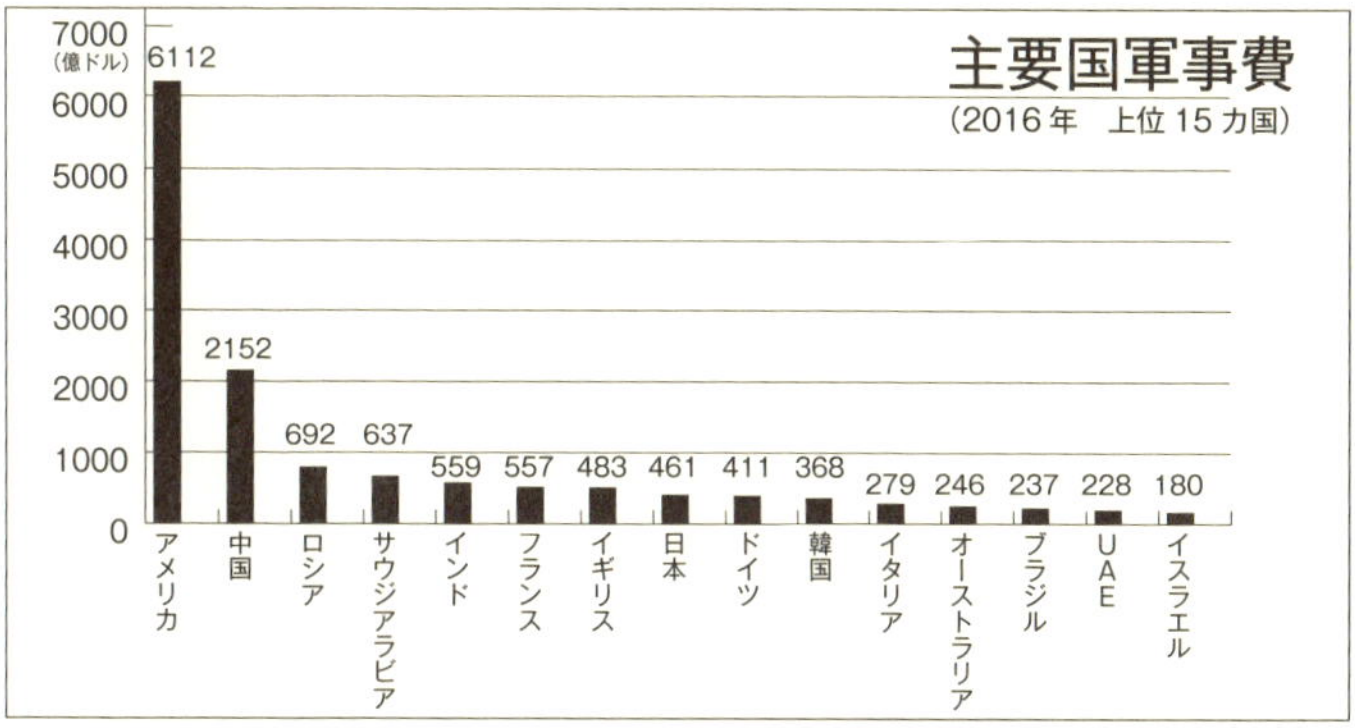

主要国軍事費（2016年　上位15カ国）

（出所）SIPRI公表データより作成

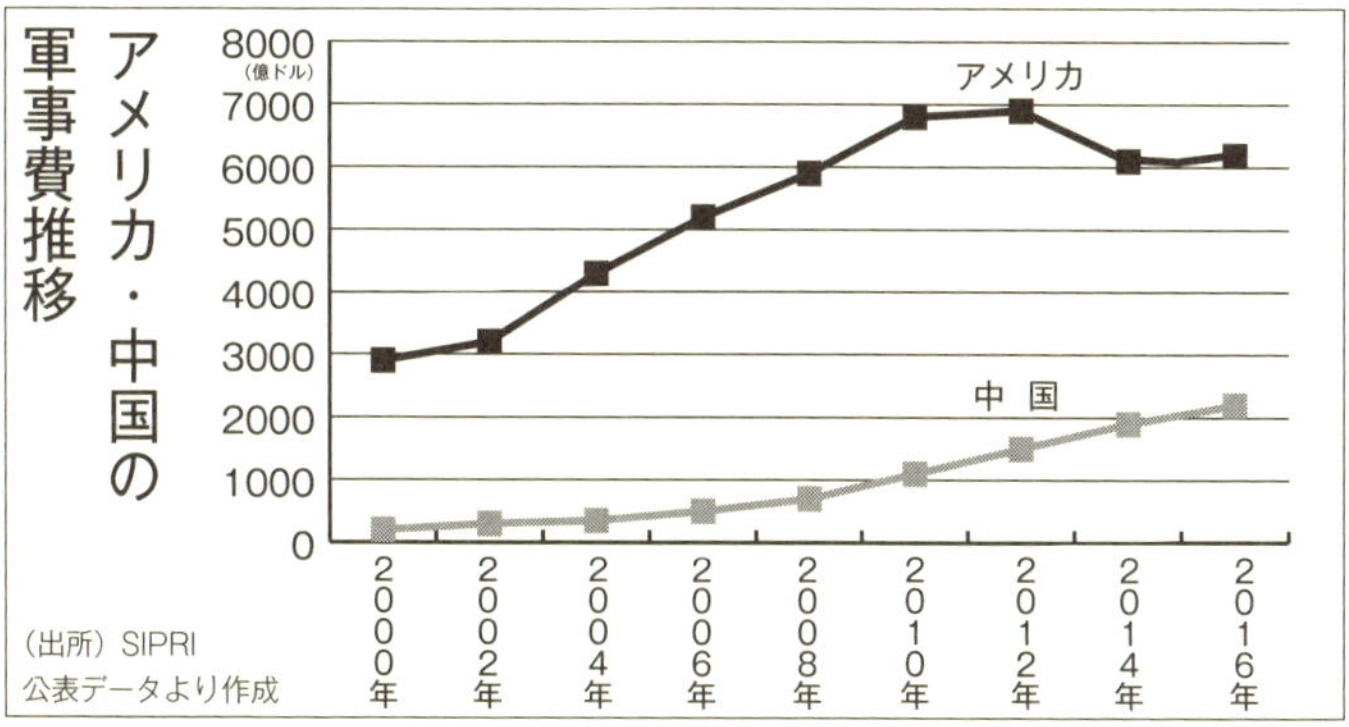

アメリカ・中国の軍事費推移

（出所）SIPRI公表データより作成

World military expenditure 2016」でも、アメリカは断トツの1位。世界全体における軍事費総額、1兆6866億米ドルのうちの3分の1以上を占める6112億ドルも計上していたのだ。この統計では2位中国は2152億ドル、3位ロシアは692億ドルであった。前年からの伸びとして見ても、中国がプラス2億ドルであったのに対し、アメリカは152億ドルも増加している。

ただしこの前年までの統計を見ると、アメリカの軍事費がこのまま1位で続くとは考えにくい。アメリカは伸びたというよりも、前年下げた分を戻したにすぎない。一方の中国は、1989年以降、2010年と2016年を除いて10％以上の伸び率を示している。2017年以降、中国が例年並みの軍事費増強を復活させるようであれば、2020年代前半にアメリカの軍事費を抜く可能性がある。

「それならばアメリカは、シミュレーションでも勝っている今のうちに中国を叩けばいいのではないか」

確かにその通りではある。しかし、先ほどの米中戦争のシミュレーションそのものに大きな落とし穴があった。実はアメリカの勝利を弾き出したシミュレーションは、「南シナ海で米中が衝突した場合」の想定であった。これを全面戦争に置き換えた途端、今度は何度計算してみても中国の勝利に収まってしまうのだ。

日本がアメリカに負けたように、アメリカが中国に負ける

米中全面戦争でアメリカが負ける理由を説明しよう。

今、米中全面戦争が勃発すれば、開戦後しばらくは、強大な軍事力を誇るアメリカが各地の戦闘で中国を圧倒するだろう。現有戦力からも、一方的な戦局になることは明白だ。

しかしアメリカにも弱みがある。それは戦争を長期化できないことだ。やるなら短期決戦。アメリカの今の経済事情からも、莫大な費用がかかる戦時体制を維持することが困難であるということは明白だ。

一方、戦争が長期化すればするほど中国は有利になる。中国には人も資源も豊富にあるからだ。2015年、中国のポテンシャルの高さを示すある統計が話題になった。アメリカが20世紀に消費したコンクリートの量は4・5ギガトンに上るが、中国は2011年からの3年間で6・6ギガトンとあっさりとその数字を超えてしまったのだ。これだけでも2010年代の中国の成長スピードがいかに早いかということがわかるだろう。

中国がアメリカを上回っていることは他にもある。中国の鉄鋼生産料はアメリカの10倍、

そして人口は4倍もある。中国がもしその気になれば、近代兵器を備えた3億人の軍隊をいつでも作ることができるといわれている。その規模はアメリカ軍はおろか、G7すべての軍事力を結集しても届かないレベルに達している。

この国力差を太平洋戦争のアメリカと日本に当てはめると、米中戦争のシナリオも見えてくる。開戦当初、日本はアメリカの軍事力を上回っており、実際に各地の戦闘でも勝利を収めていた。しかしアメリカにはまだ「のびしろ」があった。当時、アメリカのGDPは日本の4倍、人口は2倍。日本は最初から総力戦だったのに対し、アメリカはまだまだ経済を優先しながら戦争をしていたのだ。そして劣勢だった戦局をひっくり返すために一気に戦時体制を整えた。産業、経済、技術などすべての国力を軍事に結集し、その後は量で日本を圧倒し続けたのだ。

今の中国もこれに当てはまる。中国にとって、現在の最優先事項は軍事ではなく経済だ。人、金、資源をとにかく経済に注ぎ込んでおり、軍事にはまだ本腰を入れていない。軍事費の対GDP比を見てもそれは明らかだといえる。SIPRIの統計によると、アメリカの軍事費の対GDP比は3・3％もある。フランス（2・3％）、イギリス（1・9％）、日本（1・0％）といった先進国と比べても軍事力強化に資金を投じていることが分かる。一方の中国はそれがまだ1・9％だ。低くはないが、高くもない。ただ言えることは、経済状況が落ち込んでいるアメリカがこれ以上軍事費にお金をかけられないのに対して、中国はまだ軍事費を増やすことができるということだ。もしも米中戦争が起これば、アメリカはいずれ中国に逆転されることを覚悟して戦わなければならないだろう。

世界は中国に付いていく――「一帯一路」「ＡＩＩＢ」の大中華構想

経済でも軍事でも中国に抜かれつつあるとはいえ、国際的信用度では「やはりまだまだアメリカが優位なのではないか」と思う人は多いだろう。アメリカのドルは世界中どこでも使えるし、研究機関、教育機関、ＩＴ産業、エンターテインメントなど、多くの分野においてアメリカは世界を牽引している。アメリカ国籍を欲しがる人も多いし、アメリカのパスポートがあればビザなしで行ける国もたくさんある。

一方の中国といえば、度重なる食品偽装事件や著作権を無視したテーマパークなどが日本でも話題となり、いい印象を持たない人も多いだろう。中国のサッカークラブから巨額オファーを受けたヨーロッパの一流選手が、行ってみたら「給料が支払われなかった」と言って帰国してしまったケースも珍しくない。いくら経済大国になったところで、「中国は信用できない国だ」と中国アレルギーを持つ人は多い。

しかし今後の世界覇権の移り変わりを正しく観測したいのであれば、昨日の中国と今日の中国は違う国であるということを認識しておく必要がある。それは中国という国を好む好まないにかかわらずだ。確かにこれまでの中国は、国際社会での信用が低かった。ところがこの数年の中国の動き、それを受けての世界各国の動きを見ていると、これまでとは明らかに状況が異なることがわかるのだ。

例えば２０１５年に発足したＡＩＩＢ（アジアインフラ投資銀行）はすでに80の国、地域が参加する規模にまで拡大している。日本主導で１９６６年に立ち上がったＡＤＢ（アジア開発銀行）の67を上回る数字だ。ＡＩＩＢ加盟国にはアジア諸国はもちろん、イギリスやフランス、ドイツ、イタリア、カナダ、ロシアなどの他、アフリカ、南米、中東、オセアニアの国や地域も名を連ねている。主要国ではアメリカと日本だけが加盟していない状態であり、蚊帳の外になりつつある。

ＡＩＩＢの金融機関としての信用度も上がっている。アメリカの格付け会社ムーディーズ・インベスターズ・サービスは、２０１７年６月に、ＡＩＩＢの安定性を最上級である「Ａａａ」としたのだ。これは世界銀行やＡＤＢと並ぶ評価である。「ＡＩＩＢはどうせ失敗するから入らなくても大丈夫」とタカをくくっていた日本だが、もはやこの流れは無視できない状況であり、日本もそう遠くない将来に参加する可能性が高まっている。

そして中国が進める経済圏構想の「一帯一路（シルクロード経済圏構想）」。これは国家主席に就任して間もない習近平が、2013年の中央アジア歴訪中に明かした経済圏構想の呼び名だ。中国政府が自ら「マーシャルプラン（欧州復興計画）」になぞらえるように、その計画はとてつもなく巨大なスケールとなっている。

ここでの「一帯」とは一つの帯（ベルト）、「一路」とは一つの道（ロード）を表す。英語では「Belt and Road」などと呼ばれるこの経済圏構想は、具体的には中国から中央アジアを経由してヨーロッパへと続く陸路「シルクロード経済ベルト」と、南シナ海、インド洋、ペルシア湾から地中海へとつながる海路「21世紀海上シルクロード」の沿線における経済支援を活発にして、中国を中心とした大規模な経済圏を確立するものだ。人類史上最も成功した交易ルートであるシルクロードの再開発事業ともいえる。

一帯一路に対する日本人の反応は冷ややかなものだ。「あの中国がそんなことをしても、国際社会は見向きもしないだろう」という声も聞かれる。ただそういう人は、一帯一路に対する各国の動きを知ってもそう思うだろうか。2017年5月に北京で開かれた「一帯一路」の国際首脳会議には、イギリス、フランス、ドイツといったヨーロッパの先進国、そして一帯一路のルート上にはない韓国、北朝鮮、アメリカなど、世界130カ国以上の首脳や代表団が出席した。これだけ多くの国が興味を示しているプロジェクトなのだ。この流れに取り残されまいと、日本の安倍政権からも自民党の二階俊博幹事長が出席している。

参加国数の多さからわかることは、一帯一路が単にかつてのシルクロードを再現するのではなく、日本、そしてアメリカ大陸へと続く北半球のほぼ全域をカバーする大規模経済圏になる可能性を秘めているということだ。今後、陸と海のそれぞれのルートでインフラ整備が進められる一帯一路の「通過国」では、今世紀最大の経済成長が見込まれるだろう。ルート上にない国も、中国マネーの恩恵に預かろうと水面下では駆け引きが始まっている。

ただ、あまりにも規模が大きくなり過ぎたことで、当事者の中国もさすがに慎重にならざるを得なくなっている。一帯一路の計画を歓迎する国がある一方で、中国の覇権が一気に進むのではないかと警戒する国もあるのだ。

しかし中国はかつての欧米列強のような武力による支配を望んでいない。他国と争うことなく、ウィンウィンの関係を築きながら「気付けば世界一になっていた」という状況を作り出したいのだ。一帯一路が平和と経済発展を象徴するプロジェクトにバージョンアップすれば、これまで虐殺を繰り返して世界覇権を握ったアメリカは何だったのか、ということになる。その権威は急速に失墜するだろう。

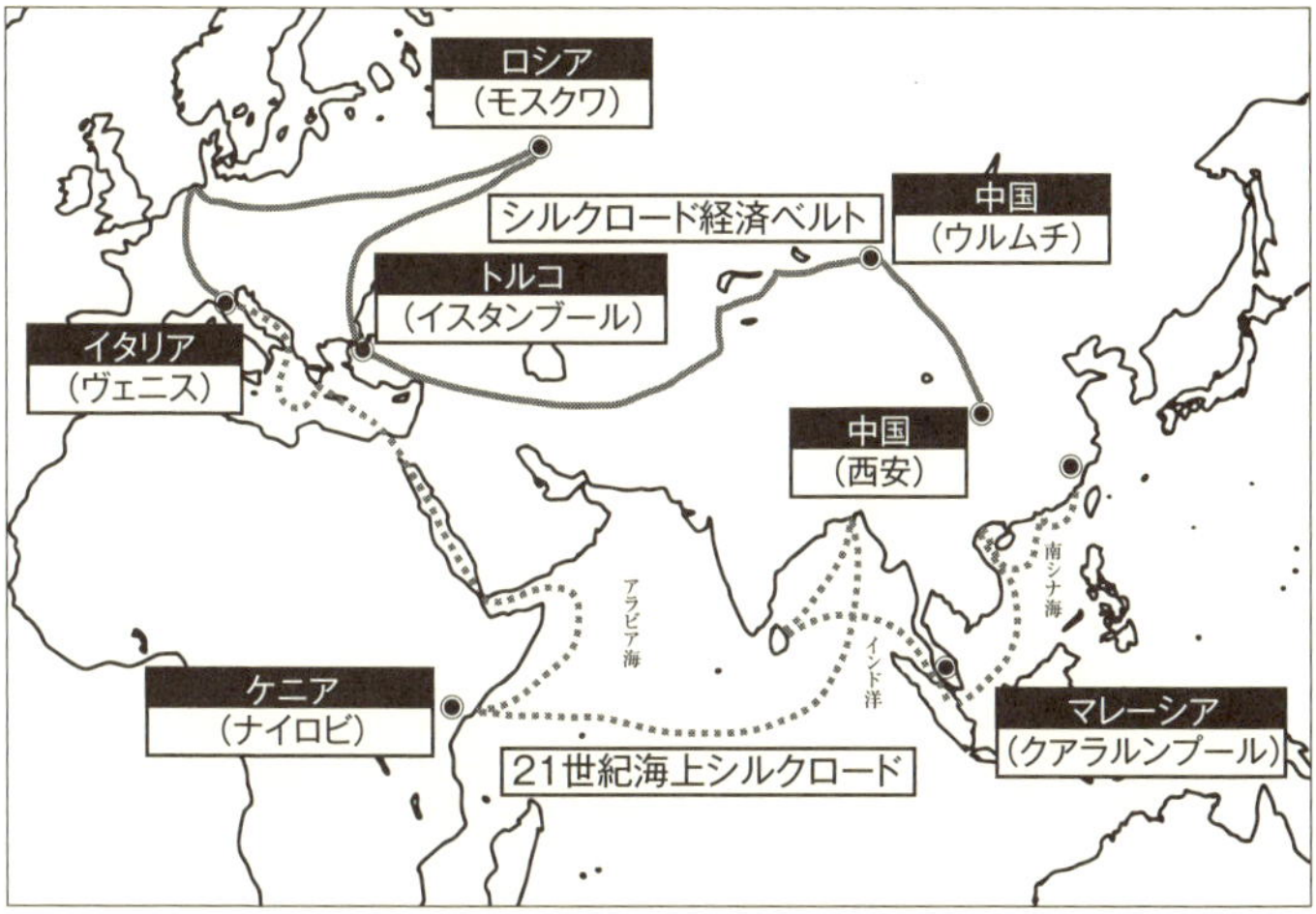

中国が新たな世界秩序を構築する
現代版シルクロード「一帯一路」

「一帯一路」は習近平の肝いりで2013年に公表された経済圏構想。陸路「シルクロード経済ベルト」と海路「21世紀海上シルクロード」からなり、経済規模は1兆ドルに及ぶとされる。2017年の「一帯一路」の首脳会議には130カ国以上が参加。この現代版シルクロードの再現により、中国は新たな世界秩序の構築を目指している。

今後注目される展開は、各地の交通インフラ網整備、とりわけ極東地域を結ぶ海底トンネル計画だ。一帯一路の初期ルートからは外れるが、日本と韓国を結ぶ日韓海底トンネル、日本とロシアをつなぐ日露海底トンネルを実現することで、中国は日本も一帯一路の物流ネットワークの枠組みに取り込もうと考えている。

最大の目玉はアメリカ大陸とユーラシア大陸を結ぶトンネルだ。2017年4月6日と7日に、アメリカで米中首脳会談が行われた。会談を終えた後、習近平はその足でアラスカ州に向かっている。このときに、アラスカ側のトンネル建設予定地を視察したものと思われる。このトンネル建設計画が実現すれば、将来的にはロンドン、北京、東京、ニューヨークといった世界的大都市が鉄道網で結ばれ、21世紀の物流革命が起こるだろう。すべての道はローマではなく、北京に通ず。地政学的にも世界の中心は中国となり、アメリカは文字通り果ての地となってしまうのだ。

すでに欧州からは中国へと向かう貨物列車の路線が次々と誕生している。中国の重慶からドイツのデュイスブルクをつなぐ貨物列車は、約1万1000キロの距離を15日間で走り抜ける。2017年1月1日からは、浙江省とロンドン東部のバーキングとを結ぶ貨物列車が開業し、こちらも1万2000キロを18日間という短期間で両都市を結んでいる。貨物列車による陸上輸送は、海運輸送と比べて半分以下の輸送日数、航空機輸送の半分以下のコストで済む合理的な輸送方法であり、経済発展にダイレクトに結びつくだろう。

ＡＩＩＢと一帯一路の順調な滑り出しを見るかぎり、中国はこの数年で経済面でのイニシアチブを握ったと言っても過言ではない。覇権の礎は徐々にだが、確実に築かれているのだ。これまではアメリカが何でも自分たちの思い通りに国際基準を設定してきたが、もはやアメリカは脇役でしかない。アメリカとそれに追随する日本だけが、国際社会で後れを取っているのが現実なのだ。

「最大の貿易相手国」最多はアメリカではなく中国

とはいえ、ＡＩＩＢや一帯一路はあくまでまだ初期段階にすぎない。成功とも失敗ともいえない、これから始まる世界的な大実験でもある。それをもって中国を世界一と決めつけるのは時期尚早ではないかという意見もあるかと思うので、ここで一つ、すでに明らかになっている事実をお見せしよう。

57ページに掲載した世界地図をご覧いただきたい。これは世界貿易における、アメリカと中国の影響力を示したものだ。アメリカから矢印が伸びている国は、アメリカが最大の貿易相手国である国。中国から矢印が伸びている国が、中国が最大の貿易相手国である国だ。

アメリカが最大の貿易国である国は、西ヨーロッパや中東諸国などを中心に全部で56カ国ある。対する中国は、アジア、アフリカ、東ヨーロッパを中心に、その倍以上の124カ国もある。南半球はほとんど中国で、ロシアと日本も中国が最大の貿易相手国となっている。

これだけ多くの国が中国との貿易を盛んに行っている。21世紀の世界が、実体経済レベルで中国を中心に回っているということが一目瞭然である。アメリカですら、中国との貿易がなければ成り立たないところまで来ているのだ。

最大の貿易相手国は、その国にとってかけがえのないパートナー、一番の友人ともいえるだろう。国民感情では決してよいとはいえない日本ですら、中国の存在はアメリカ以上に重要になっている。本章において、米中戦争のシミュレーションについて述べたが、実際問題としてアメリカが中国と戦争をすることはできないだろう。それは中国の背後にいる100カ国以上の友好国を敵に回すことにもなりかねないからだ。

アメリカと中国の「最大貿易国」
アメリカ 56 カ国、中国 124 カ国

アメリカ、中国、それぞれから矢印の伸びた国が最大の貿易相手国。中国は 2000 年以降、安価で豊富な労働力を武器に「世界の工場」となった。鉄鋼、家電、電子情報機器などで生産高を飛躍的に伸ばし、2011 年には製造業の凋落著しいアメリカを抜き、世界最大の製造品生産国となった。さらに経済発展により内需が拡大、現在は人口 13 億人の「世界の市場」として巨大なマーケットとなっている。さらに貿易相手国の数を考慮すると、21 世紀の実体経済が中国を中心に回っているという現実が見えてくる。

第2章

トランプVS習近平
米中戦争「激突のシナリオ」

世界覇権をめぐる二大帝国の戦争

没落が決定的なアメリカは、中国の拡大を部分的には認めつつも、自分たちの領域を脅かすようなことは許さない。中国がその境界線に一歩でも足を踏み入れれば、両者はたちまち「トゥキュディデスの罠」に陥るだろう。衝突は必ずしも、武力によるものとはかぎらない。覇を競う両「二大帝国」の戦争は、すでに水面下で始まっているのだ。

「勝てる中国」はなぜ、アメリカと戦争をしないのか?

第1章で、アメリカは中国に勝てないと述べた。それは裏を返せば、「戦争をすれば中国は勝てる」ということでもある。では、こうは思わないだろうか。「覇権を手中に収めたいのであれば、なぜ中国は自分たちの障害となっているアメリカを叩かないのか」と。

これがギャンブルゲームなら、中国が勝負しない手はない。手順さえ間違わなければビッグゲームに勝つことがわかっている。手持ちのチップをすべて投じてもいいくらいだ。

しかしリアルな戦争となると話は変わってくる。戦争には莫大な費用がかかる。戦争中は経済活動が停滞することも考えなくてはならない。そして戦争では敗者はもちろん、勝者も大きな代償を払わなければならない。戦争の長期化は中国にとって有利に働くが、アメリカとの比較で相対的に有利になるだけの話で、純粋に中国の内政や経済の発展にとってはいい話ではない。戦死者が増えるにつれ、反戦運動、反政府運動が起きれば、中国共産党もその対応に手を焼かなければならない。

むしろ中国の国民、特に富裕層にしてみれば、「戦争をしなくても1位になれるのに、なぜ戦争をしないといけないのか」という思いが強い。「金持ち喧嘩せず」の言葉の通り、世界で一番のお金持ちとなった中国は、武器をチラつかせることはあっても、どこまでも戦争を回避する方向で物事を進めようとするだろう。

中国が戦争をしたがらない理由はそれ以外にもある。それは「中国人は戦争が苦手である」という弱点があるからだ。中国には戦いにまつわることわざや歴史が数多く残されている。いくさの戦略や戦術をまとめた『孫子』は紀元前500年ごろ、春秋戦国時代に書かれた兵法書で、現代の軍隊やビジネスシーンでも通用するものとして昨今注目を集めている。魏・呉・蜀三国の歴史をつづった『三国志』も、マンガ化やアニメ化されるなどして日本でも長く親しまれてきた歴史書だ。

いくさにまつわる知恵や歴史が山ほどある中国だが、こと外国との戦争となると、多くの苦い経験を味わっている。19世紀の清の時代には、1840年にイギリスとの間に起こったアヘン戦争で敗れ、列強国に半植民地化されるきっかけを作ってしまった。また1894年に始まった日清戦争でも日本に敗れ、多額の賠償金を払っている。中華人民共和国の建国以降では、1979年にベトナムとの間で起こった中越戦争でも軍事的に劣勢に立たされて撤退を余儀なくされた。中国の軍事力は今でこそ強大になりつつあるが、度重なる敗戦のトラウマから「もう戦争はしたくない」と考えている中国人のほうが多いのだ。

白人至上主義者は有色人種の世界支配を許さない

では中国はどのようにして世界の覇権を握ろうとしているのか。これまでの歴史を見ても、既存の覇権国を追い抜くために戦争は避けられないものと思われるが——。

中国が狙っているのは、戦わずして勝つ。第1章でも述べたように、アメリカとは極力衝突を避けながら、「気付けば世界一」になっているのが理想だ。しかし一般大衆レベルの人間には気付かれなくても、常に中国の動きを観察している各国政府の上層部がその野望に気付かないわけがない。中国の好きなようにはさせるわけにいかないと、あらゆる面で摩擦が起こることは必至だ。

そこで中国は両者の勝ち、つまり「ウィンウィン」に持っていこうとするだろう。その旗印となっているのがＡＩＩＢであり、一帯一路である。現時点でアメリカはＡＩＩＢに加盟していないが、日本とアメリカ以外の主要国がすべて加盟している今、もはや無視できない存在になっている。中国はすでに、自分たちの作った枠組みに入ることが「ウィンウィン」であるということをアメリカ側に提示している状態だ。今は、それにアメリカがどう答えるか、という段階である。

中国メディアによると、アメリカがＡＩＩＢに加入する可能性は日増しに高まっているという。ただ、アメリカはよほど特別な利益が見込めないかぎり、中国の枠組みには入らないだろう。アメリカ人の支配者層にいる白人至上主義者たちにとって、有色人種の支配などあってはならないからだ。もしアメリカがＡＩＩＢに入れば、中国による世界支配が一気に加速することになる。それだけは何としても避けたい。

そこでトランプ政権は、勢いに乗る中国と、中国に賛同するアジア諸国に対抗するために、他国との連携を強化し始めている。既述の通り、アメリカ単独では中国に勝てないことがわかっているのだからまずは同盟国を増やさないといけないところだが、アメリカにはＡＩＩＢや一帯一路のような巨大な経済プロジェクトを創出する力が残っていない。そこでアメリカ軍の上層部に影響力を持つ「マルタ騎士団」（詳しくは第3章で解説）から支援を受けて「キリスト教同盟」の成立を急いでいる。

２０１７年1月12日、アメリカ軍３０００人の部隊と５００台を超える大量の戦車や装甲車がポーランドのロシア国境近くに配備された。トランプ就任まであと数日と迫る時期であり、間もなく退任となるオバマの意思でこれだけのことはできない。実質的にこの派兵を指揮したのは、アメリカの軍や諜報当局内の一部派閥である。

このときにアメリカ側がその動機として提示したのは、「ロシアの軍事的脅威に対抗するためのＮＡＴＯ演習の一環」というものである。こうなるとロシアも黙っているわけにはいかない。ロシアのウラジーミル・プーチン大統領はアメリカの動きに対抗し、「ロシアの国益と安全を脅かす行為」として対決姿勢を打ち出した。米ロのこのやり取りは、国際社会にも大きな動揺を与えた。ロシアは中国よりも武力行使をいとわない国だ。緊張の高まりで一線を越えるようなことがあってもおかしくない。

しかしこの対立はフェイクである。プロレスのアングルのようなもので、アメリカとロシアの間でしっかりと事前打ち合わせがされていた話なのだ。

アメリカの本当の目的はロシアを攻撃することではない。ロシアもまたしかり。アメリカが攻撃をしてくるとはハナから考えていない。両者の真の目的はアジアに対抗するための軍備を強化することにある。ポーランドで一芝居打ったのは、軍事的な緊張感を作為的に生み出すことで、軍備強化の口実を作っていたというわけだ。そんなアメリカとロシアに、ヨーロッパ諸国も合流する。その集合体こそが、先ほどの「キリスト教同盟」である。キリスト教という共通ワードで横につながり、アジアに対抗していこうというわけだ。

ただし、このキリスト教同盟という呼び名も建前にすぎない。その正体は「白人国家同盟」であるが、そんな看板を掲げて徒党を組めば「人種差別主義者の集まりだ」とレッテルを貼られてしまうため、キリスト教の名で同盟を作ろうとしているのだ。その証拠に、キリスト教同盟とうたいながら、キリスト教信者の多い中南米の国々を参加させようとする動きが一切見られない。あくまで有色人種による世界支配を許したくない白人勢力が、アジア勢力と対等に渡り合うために共同戦線を張ろうとしているのだ。

第三次世界大戦は「欧米連合VS中国連合」の最終兵器合戦

ロシア、ヨーロッパを含めたキリスト教同盟（白人国家同盟）が成立したとして、その実力がどれほどかという点も気になるところだ。米中戦争のシミュレーションでは「アメリカは敗北する」という結果が出ているが、欧米連合と中国が衝突した場合はどうなるか。

キリスト教同盟の中心を成すのは、アメリカ、ロシア、ヨーロッパ諸国だ。そしてそこに、日本や韓国といった米軍基地を置いている国も加担する。こうなるとさすがの中国も太刀打ちできない。軍事力も経済規模もキリスト教同盟側が有利だ。米中戦争の長期化シナリオにおいて、中国優位の根拠として示された資源の面でもキリスト教同盟が逆転する。人口の面では互角に近づくが、中国と長年対立しているインドを取り込めばこれもキリスト教同盟が優位に立つ。何より地理的にも中国は東西南北の全方面に敵を抱えることになる。まさに中国故事の「四面楚歌」の状態である。もちろん中国の賛同国を考慮すれば、「中国連合」も強化されるが、先進国のほぼすべてを取り込むキリスト教同盟には及ばないだろう。

キリスト教同盟であれば中国に勝てる。そう踏んだトランプ政権にとって、広大な国土と強力な軍事力を持つロシアを取り込めるかどうかが運命の分かれ道になる。しかしアメリカはオバマ政権時代に、2014年にクリミア併合を強行したロシアに対して経済制裁を発動している。冷え込んだ米露関係を改善したいトランプは、国務長官に親ロシア派のレックス・ティラーソンを指名した。

レックス・ティラーソンが親ロシア派なのは、彼自身のキャリアと深く関係している。国務長官に任命される前のティラーソンの肩書きは、石油最大手のエクソンモービルＣＥＯであった。彼はエクソンモービル時代に、ロシアの石油最大手、国営のロスネフチとともに北極海と黒海の共同開発に尽力した。その功績がプーチン大統領に評価され、「友好勲章」を授与されるなどロシアとは極めて友好な関係を築いている。ウクライナ危機においてもロシアへの経済制裁に反対しており、ロシアに寄った立場なのは明白である。ロシアをキリスト教同盟に勧誘するためには必要な人材なのだ。

そして彼の政治スタンスでもう一つ特徴的なのが、中国に対して批判的な立場をとっている点だ。ティラーソンはエクソンモービル時代、ベトナムやインドネシアと交渉し、南シナ海の開発に関する協定を結んでいる。そうした経緯があるだけに、中国が南沙諸島に人工島を作って南シナ海の覇権を強めることは断じて許せないのだ。２０１７年１月に開かれた国務長官承認をめぐる上院聴聞会でも、「中国による南シナ海の人工島建設とアクセスを中止すべき」と述べている。中国を刺激してはならないと慎重な発言が多い中、これだけストレートに自分の意見を述べられたのは、キリスト教同盟の軍事力が中国を圧倒する力を持っているとわかっているからだ。そしてその成立に自信があるからに他ならない。

ただ、この言葉を受けて中国も欧米側に向けて水面下で警告を発信している。それは次のようなものだ。

「1979年に起きた中越戦争の際、ベトナムに加勢するロシアが中国領土に戦車部隊の大群を率いて侵入したが、鄧小平がそれを水爆で打ち負かして阻止した。この出来事は歴史の闇に葬られたが、実際に戦車の残骸は今でも残っているし、グーグルアースでもそれを確認することができる」

たとえアメリカがロシアやヨーロッパと手を組んだとしても、自分たちが引き下がることはない。そんな強い意志を乗せたこのメッセージにはもう一つ、重要な意味が込められている。それは、「中国は必要があればいつでも全面核戦争のカードを切る用意はできている」ということだ。さらに中国共産党の機関紙『環球時報（グローバル・タイムズ）』を通じて、「南シナ海の人工島へのアクセスをアメリカが阻止するなら、大規模な戦争を行う覚悟が必要だ」と英語で発信している。

さすがにここまで脅されれば欧米も黙るだろう、と思えるところだが、実は欧米サイドにはさらなる切り札が用意されていた。そのカードとは、「核兵器より強力な秘密兵器」だ。欧米は秘密裏に、天候兵器や地震兵器、電磁波兵器などを開発して、実際にそれらを使用して世界各地で大きな人工的自然災害を発生させている。これらの兵器は核兵器と違い、使った証拠が残らない。核ミサイルのように迎撃されることもない。そのため欧米側は、中国側と全面戦争になったとしても十分勝算があると踏んでいるようだ。

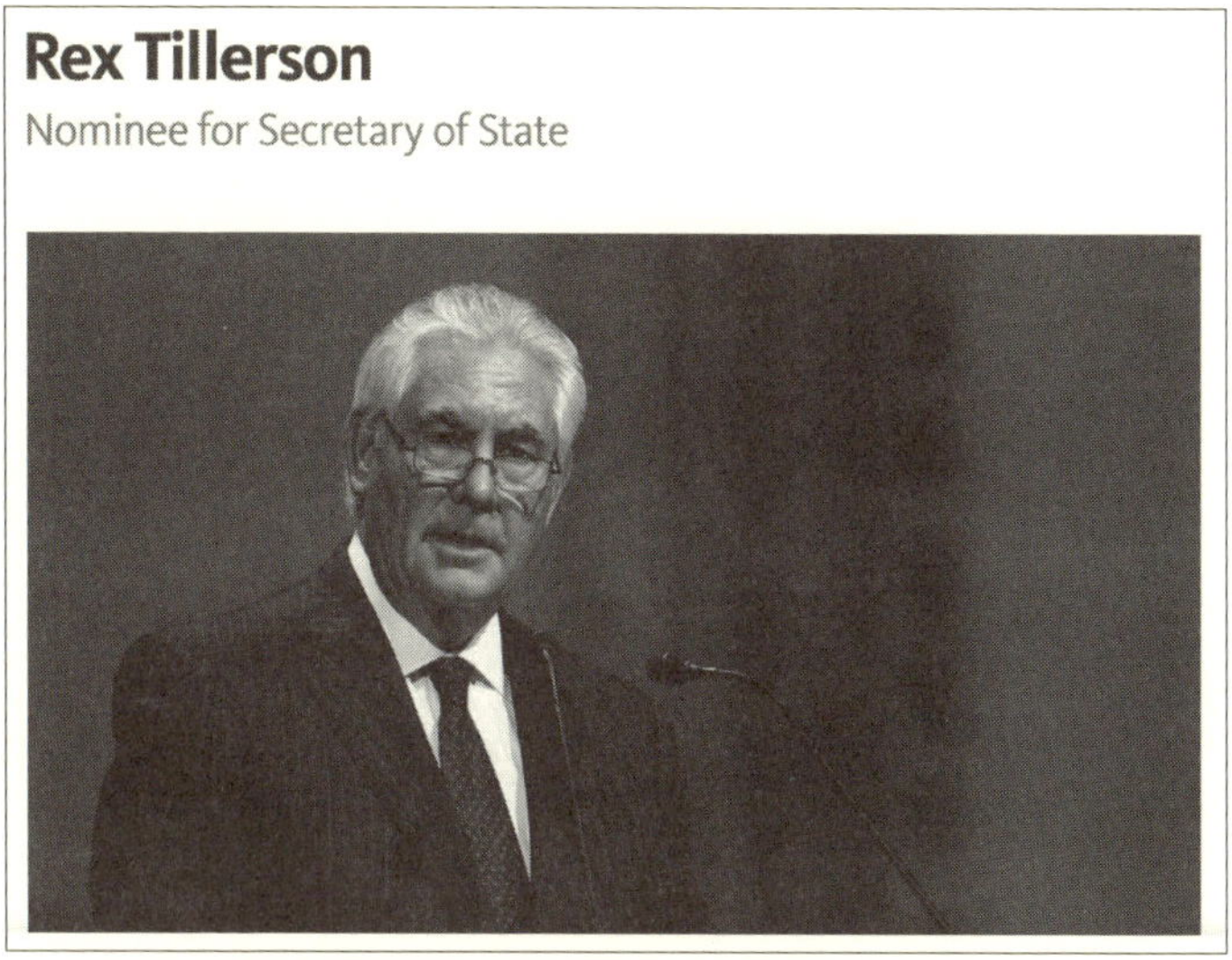

親ロシア・反中国のティラーソンを国務長官に指名した真の狙い

国務長官に就任したレックス・ティラーソン。石油最大手エクソンモービル前CEOという肩書きはあるが、政治経験はゼロ。そんな人物を外交のトップに指名した背景には、モービル時代に培ったロシアとの太いパイプがある。中国に対抗すべく、ロシアを取り込んだ「キリスト教同盟」を成立させるのがトランプの真の狙いなのだ。

（出所）トランプ政権公式HP「greatagain.gov」より

トランプ政権軍事路線の象徴「狂犬マティス」とは

トランプ政権には、アメリカが軍事国家共同体としてのキリスト教同盟へと向かうための人材が顔をそろえている。

先ほど紹介した国務長官のレックス・ティラーソンはその一人だが、トランプ政権の軍事路線は、退役海兵隊大将のジェームズ・マティスを国防長官に起用した人事にも色濃く反映されている。典型的なエリート軍人だった彼の足跡を簡単に振り返ろう。

1950年生まれのマティスは1969年、18歳で海兵隊に入隊。その後順調に出世し、1991年の湾岸戦争には大隊長として従軍した。2001年のアメリカ同時多発テロ事件に対する「不朽の自由作戦」を展開したアフガニスタン戦争では遠征旅団の司令官として、2003年のイラク戦争では第1海兵師団の司令官として指揮をとっている。2007年に海兵隊大将に昇格し、米統合戦力軍司令官、NATO変革連合軍司令官に就任。2010年に米中央軍司令官に就任し、その3年後の2013年に軍を退役することとなる。歩兵小銃小隊から海外遠征軍に至るまであらゆるタイプの軍隊を率いた経験を活かし、退役後はスタンフォード大学フーバー研究所でデイビーズ・ファミリー優秀客員研究員としてリーダーシップや国家安全保障などをテーマに研究していた。

選挙戦のときから「強いアメリカを取り戻す」と豪語してきたトランプにとって、マティスは是が非でも起用したい人物だった。それはマティスが国防長官に就任する特殊な経緯からも瞭然である。

アメリカの国家安全保障法では、軍人が退役から7年以内に国防長官に就くことが禁じられている。2013年に退役したマティスはこの条件に引っかかるため、本来であれば2020年まで国防長官に就くことはできない。そこで連邦議会は特例としてマティスの指名を認める特別法を制定し、マティスはトランプ政権最初の閣僚として承認されることになった。

こうした特例は実はマティスが初めてではない。第二次世界大戦後のヨーロッパ諸国に対する復興計画「マーシャル・プラン」を提唱したジョージ・マーシャルもまた、退役から7年以内の退役軍人だったにもかかわらず朝鮮戦争勃発から3カ月後の1950年9月に国防長官に就任している。マーシャルを指名した当時の大統領、ハリー・トルーマンは、朝鮮戦争の先にあるソ連との大規模な戦争を視野に入れていた。国家に重大な危機が迫る中で、有能な人材を登用するためには規定どうこうといっていられなかったのだ。

アメリカの命運を握るトランプも、まさにそれに近い状況だ。覇権を奪われるかどうかの瀬戸際では、軍事力が物を言う。その舵取りをスムーズに行うには、米軍の英雄的存在となっていたマティスの力がどうしても必要だったのだ。

マティスは舌鋒の鋭さから「マッド・ドッグ（狂犬・荒くれ者）」とも呼ばれているが、そのために誤解されていることも多い。確かに彼の発言には遠慮がない。２００３年のイラク戦争のさなか、海兵隊に対して、

「Be polite, be professional but have a plan to kill everybody you meet」（礼儀正しくプロであれ、しかし出会った相手は全員殺すつもりでいろ）

といった発言をして過激な側面を匂わせたこともある。しかし一般大衆には穏やかに聞こえないこの言葉も、戦場の現場に立つ軍人からすれば士気を奮い立たせる名言である。いつ死ぬかもしれない戦場では、日常生活の場で使うような行儀の良い言葉は何の意味も持たない。兵士は過激な言葉で鼓舞される。知的な戦略家の顔も持つマティスは、そのことをしっかりと計算しているのだ。

マティスの他の「過激発言」に関しても、誤訳や誤解により印象操作が行われているので報道の評価は鵜呑みにしないほうがよい。アフガニスタンで「人を撃つのは愉快だ」と発言したとされる件についても、その前後が端折られているので世間の人は「まさに狂犬だ」と

General James Mattis

Nominee for Secretary of Defense

Gen. Mattis is a native of Pullman, Washington. He earned a Bachelor of Arts degree in history from Central Washington University and was commissioned a second lieutenant through ROTC in 1972.

As a lieutenant colonel, Gen. Mattis commanded an assault battalion breaching the Iraqi

「私をクソのように扱ったら全員殺す」「狂犬」マティス国防長官の評価とは？

トランプが「大将の中の大将」とほれ込み、閣僚に指名したジェームズ・マティス国防長官。「狂犬」の異名通り、「世の中には射殺すべき『ゲス野郎（asshole)』がたくさんいる」などの過激な発言も多い一方、トランプ政権の中では良識派との評価が高く、軍部からの信任も厚い。政権の軍事路線の強化における中心人物だ。

（出所）トランプ政権公式 HP「greatagain.gov」より

思ったかもしれないが、それは「女性や子供に手を出す連中をぶっ飛ばしてしまえ」といった具合に現場の兵士を鼓舞したにすぎない。

だから実際の彼は、「荒くれ者」というよりももう一つの異名「ウォリアー・モンク（戦う修道士）」のほうが近いといえる。彼が独身を貫くことでそう呼ばれるようになったが、そうした理由だけを強調すべきではない。蔵書を7000冊以上持ち、紹介した通りスタンフォード大学の研究員としての顔も持っていた事実からも、知的な人間だと見るべきだろう。そもそも本当の荒くれ者だったら、米軍のエリート街道を歩めたはずがないのだ。トランプ政権においては、戦略家として切れ者ぶりを発揮するものと思われる。

むしろ荒くれ者に近いトランプを、理性をもって制御できる存在がマティスだ。トランプが水責め拷問の復活を公言していた際にも、マティスは異を唱えてそれをやめるように進言している。「（水責めは）有効ではない。たばこやビールを使えば、拷問よりももっとうまくやれる」というマティスの言葉にトランプも渋々トーンを下げる他なかった。

オバマ政権から180度の転換といってもいいほど、トランプ政権は軍事に力を入れている。トランプは昨日まで素人だったが、国防長官のマティスはプロ中のプロ。米軍のいわゆる「制服組」の中でも尊敬されている彼が、政権と米軍をどう調整していくかは注目しておくべきところである。

トランプが欲しがった「アムウェイの妻」の軍事人脈

トランプ政権の中には、思わず首を傾げてしまうような人物も閣僚入りしている。トランプと教育論で対立しそうな教育長官のベッツィ・デヴォスもその一人だ。彼女を入閣させたのも、トランプが悲願とするキリスト教同盟が関係している。

トランプ政権が掲げる教育政策といえば、「スクールチョイス（学校選択制度）」とそれに伴う「教育バウチャー制度」の推進だ。この点に関しては、両者の考えは一致しているように思われる。

スクールチョイスとは、子供が通う学校を公立学校、私立学校、宗教系学校などの中から自由に選択できる制度をいう。従来のように居住地によって決められた公立学校ではなく、「勉強に力を入れている学校」「スポーツが盛んな学校」といった各校の特色を見ながら、子供に通わせたい学校を個人で選ぶことのできる制度だ。もちろん定員などはあるが、子供の教育の選択肢は確実に拡大する。ただ、「自由に選べる」といっても各家庭により経済状況は異なるわけで、低所得者層の家庭の子供が私立学校に通うことは難しい。そこでそうした家庭を支援する制度が教育バウチャー制度である。教育バウチャー制度とは、学校教育に限定したクーポン券を各家庭に支給するもので、この制度の充実により教育機会の平等化は大きく前進する。これらの教育制度は、人気のある学校に子供が集中して学校間の格差が拡大するなどのデメリットもあるが、今のところは自由に選べるというメリットが勝ると考えられているようだ。

先述の通り、スクールチョイスと教育バウチャー制度に関して、トランプもデヴォスも推進していこうとする考えは同じだ。しかし「チャータースクール（特別認可校）」に対する両者の考え方は一致していない。

チャータースクールとは、公的援助を受けて民間が独自のカリキュラムを作って運営する小中学校のことで、アメリカでは1991年にミネソタ州で初めて導入されて以降、年々その数は増えている。もともと従来の公的教育機関に不満を持った親たちの「子供たちにもっといい教育を受けさせたい」という思いを受けて生まれた「理想の学校」とあって人気は高く、221校のチャータースクールがあるニューヨーク市では、2016年度の定員約2万3600人に対し、6万8000人から入学の申し込みが寄せられる殺到ぶりだったという。人気の理由は、一般的な公立学校よりも教育水準が高く、授業料もかからないためだ。

しかし授業料無料というサービスを維持するには、大きな財政負担が避けられない。公的資金が投入されるチャータースクールをさらに増やしていくべきかどうかは、アメリカ国内でも議論が分かれるところなのだ。限りある教育予算を配分していく過程で、チャータースクールを手厚くしていけば他の公立学校への援助は相対的に下げざるを得ない。チャータースクールは都市部に偏在しているため、都市部と地方での不公平感も生まれてしまう。

デヴォスはこのチャータースクールの推進派だ。一方、トランプはチャータースクールの拡大には慎重である。チャータースクールは都市部に偏在しているため、ここにいくら予算をかけてもトランプの支持層である地方の白人家庭にはあまり喜ばれないのだ。

こうした政治的背景の微妙なズレは、後々この二人の大きな不和を生む可能性をはらんでいる。そもそもデヴォスは2016年の共和党の予備選挙で、トランプではなく元米大統領ジョージ・W・ブッシュの弟、ジェブ・ブッシュらライバル候補者を支持していた。それをわかっていながら、トランプはなぜ彼女を教育長官に指名したのか。

メディアが理由として挙げるのは、党内のバランス調整だ。トランプは共和党内にも敵が多い。トランプと意見を異にする人物にポストを与えることで、共和党の反対派を黙らせておくというわけだ。そしてもう一つの理由は、女性人気の回復。相次ぐ女性蔑視発言で世論からも不評を買っていたトランプにとって、これ以上女性の敵を増やすわけにはいかない。デヴォスの起用で、女性からのイメージを少しでも向上させようという狙いだ。

確かにそうした効果はあるだろう。しかしそれらはあくまで副次的なものだ。それ以上に、彼女でなければならない大きな理由がある。トランプが必要としたのは彼女の華麗なるファミリーの力だ。

ミシガン州共和党委員長を務めたこともあるデヴォスだが、彼女を語る上で欠かせないのが彼女のバックに付いている家族である。彼女の夫は、日本でもマルチ商法の代名詞といえるほど有名な「アムウェイ」社長のディック・デヴォス。その父、つまりデヴォスの義父はアムウェイの共同創業者であり総資産額54億ドルともいわれる超大富豪のリッチ・デヴォスである。

これだけを聞くと、とんでもない玉の輿に乗ったなと思うところだが、ベッツィ・デヴォス自身も自動車部品の巨大工場を営む億万長者の家庭で生まれ育っているお嬢様だ。そして実弟のエリック・プリンスは、民間軍事会社「ブラックウォーターUSA」を創業した実業家である。

ブラックウォーターは1997年に設立され、その後のアフガニスタン戦争やイラク戦争でも現地の警備に当たるなど何かと話題になっていた。ところが2007年にイラクのバグダッドで市民17人を殺害する銃乱射事件を起こしており、現在の社名は「Academi（アカデミ）」に変更されている。創業者であるエリック自身はすでに会社を売却しているが、アメ

億万長者の夫と軍事会社創業者の弟
ベッツィ・デヴォス教育長官の人脈

ベッツィ・デヴォス教育長官と、夫でアムウェイ社長のディック・デヴォス。トランプ大統領就任式でのツーショット。億万長者の夫に加え、実弟のエリック・プリンスは元海軍将校で民間軍事会社の創業者。トランプは、デヴォスの起用により米軍だけでなく傭兵部隊の支持も取り込み、「キリスト教同盟」の成立を狙っているのだ。

（出所）ベッツィ・デヴォスのTwitterより

リカ海軍特殊部隊「Navy SEALs」の元将校というエリート軍人だったこともあり、今も世界中に傭兵を派遣するビジネスに関与している。また政治の秘密交渉に関与する裏の顔も併せ持ち、トランプの非公式の使者としてプーチンの側近と密かに接触していたことがワシントン・ポストに報じられている。

トランプがベッツィ・デヴォスを教育長官に起用した意味はここにある。キリスト教同盟を成立させるには、ロシアやヨーロッパを取り込むよりも先に、国内の意思統一を図る必要がある。そのためにはアメリカ軍の支持だけでは足りない。実際の戦場で重要なミッションを遂行している民間軍事会社の傭兵部隊の支持も必要なのだ。ペンタゴン筋によると、民間軍事会社のコネクションを持つエリック・プリンスを実弟に持つデヴォスを起用したことにより、キリスト教同盟の成立へ確実に前進したのだという。

水面下で勃発した米中「貿易戦争」

単独では中国に対して敗北が濃厚なアメリカも、欧米ロシア連合のキリスト教同盟を結成することができれば覇権を奪われる可能性は大幅に下がる。しかし現実問題として、同盟結成には高い障壁があるといえそうだ。AIIB、一帯一路の輪に入っているロシアとヨーロッパ勢を取り込むには時間がかかるだろう。

それまでアメリカ側から中国を叩く行動に出るとは考えにくい。中国も穏便にウィンウィンで行きたいのだから、現在の均衡状態が崩れる大きなきっかけがないかぎり武力衝突が起こることはない。しかし、両国の間で何も争いがないかというと、そういうわけではない。水面下では覇権をめぐる熾烈な争いが繰り広げられている。互いの経済力を封じ合う「貿易戦争」がそれだ。

米中貿易戦争は、トランプが大統領就任前の選挙戦のときから始まっていた。きっかけはトランプの選挙公約だ。

「中国は為替操作を行っている。その対抗措置として中国製品に45％の関税を課す」

45％というのはとてつもなく高い税率で、事実上、中国製品をアメリカ国内に入れないといっているようなものだ。あまりにも挑発的な公約を掲げるトランプが当選した直後、中国共産党の機関紙『環球時報』は、トランプ政権が関税公約を実行すれば中国国内でのｉＰｈｏｎｅやアメリカ製自動車、航空機の売り上げが激減すると警告を発した。工業製品だけでなく、大豆やトウモロコシなどの輸入制限にまで言及しており、「ウィンウィンにならないなら戦争も辞さない」という覚悟がうかがえる。

トランプ政権が発足して半年以上が経過した2017年8月現在、この関税の公約は実行されていない。立ち消えたといってもいいくらい、その後は論じられることもなくなっている。というのも、この公約はもともと現実的ではないからだ。いくら中国を目の敵にしているとはいえ、今やアメリカも中国マネーなしではやっていけない。前章で紹介した貿易マップでも見てもらったように、アメリカにとっての最大の貿易国は中国なのだ。そのためアメリカは、中国に対して脅しをかけるくらいのことしかできない。

IMF（国際通貨基金）の統計による2016年の米中の名目GDPは、アメリカが18兆5700億ドル、中国が11兆2200億ドルとなっている（ちなみに日本は4兆9400億ドル）。アメリカのほうが経済規模は大きく見えるが、購買力平価（モノの値段を基準にした通貨の交換比率）をベースに算定したGDP（GDP based on PPP）では、中国は21兆2900億ドルで、アメリカの18兆5700億ドルをすでに追い抜いている（日本は5兆2400億ドル）。注目すべきはアメリカ、ヨーロッパ、ロシア、日本を合わせても世界全体の40％に満たないという点だ。もしキリスト教同盟が成立したとしても過半数を取れないとわかれば、ヨーロッパとロシアはアメリカに付いていく理由がないだろう。逆に中国主導のAIIB加盟をトータルした場合、世界全体の80％近くを占めることになる。

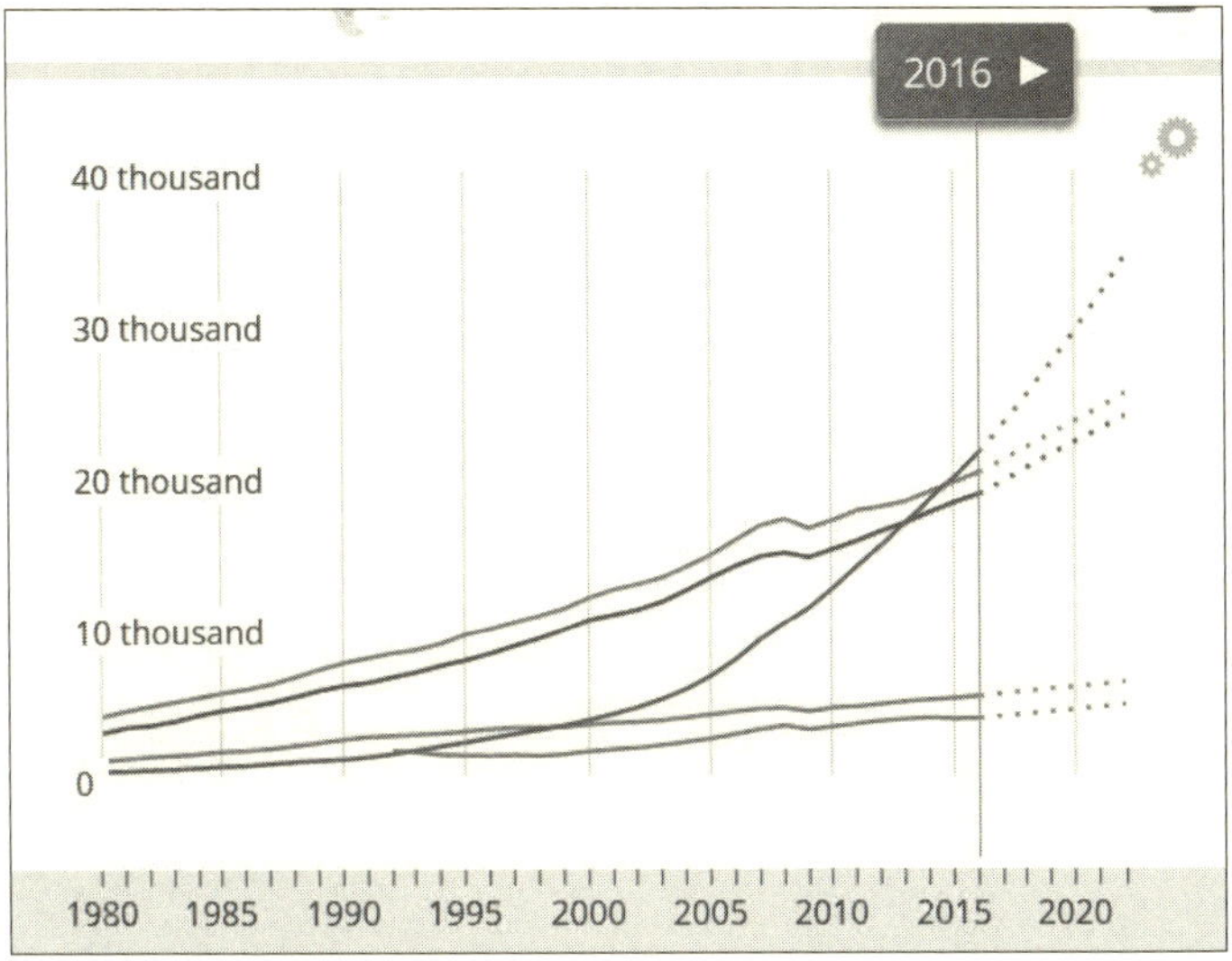

United States	18.57 thousand
Japan	5.24 thousand
European Union	20.01 thousand
Russian Federation	3.8 thousand
China, People's Republic of	21.29 thousand

購買力平価 GDP に見る各国の経済規模

上のグラフは 2016 年の主要国の購買力平価に基づく GDP。単位は 10 億ドル。上から中国（21 兆 2900 億ドル）、EU（20 兆 100 億ドル）、アメリカ（18 兆 5700 億ドル）、日本（5 兆 2400 億ドル）、ロシア（3 兆 8000 億ドル）。購買力平価 GDP では 2014 年よりアメリカを抜いて中国が 1 位となった。

（出所）IMF 公式サイトより

20世紀後半、世界1、2位を争っていたアメリカと日本の経済力も、現在は世界全体の2割程度しかない。ヨーロッパとロシアにとってはアジア勢との連携を深めたほうがメリットは大きいのだから、キリスト教同盟を積極的に優先するような理由がないのが現実だ。

ドルという「紙くず」で金融覇権を握ったアメリカ

「貨幣を制する者は世界を制す」

リチャード・ニクソン政権、ジェラルド・フォード政権にわたり、国務長官や国家安全保障問題担当大統領補佐官を務めた国際政治学者、ヘンリー・キッシンジャーの言葉だ。彼はベトナム戦争の終結に貢献したことでノーベル平和賞を受賞しているが、その裏の顔は詐欺師そのもの。94歳になった2017年現在も国際政治の世界に暗躍しており、当然のことながらトランプにも接触している。

彼のバックにいた人物については後述するが、ここで注目したいのはキッシンジャーが残したその言葉だ。彼の言う通り、世界の覇権を握るには、金融競争を制しておかなければならない。軍事力を伸ばし続けてもその国の繁栄に結び付かないことは、北朝鮮が今まさに実証していることだ。世界を制するには、その上流にある金融覇権競争に勝たなければならない。金融覇権を握ることができれば、政治、経済、エネルギー、軍事、文化、法律、宗教、すべてにおいて覇権を握ったと言っても過言ではない。実際、これまでは米ドルが世界を席巻していたことで、アメリカは世界の超大国であり続けることができた。

しかし今、その根幹が大きく揺らいでいる。確かに米ドルは、基軸通貨として世界で最も信用される通貨であった。しかしそれは、発行しているFRBがそう見せかけていただけである。実際のところ、それはイカサマであり、各国の首脳レベルではそれが共通認識となっている。一旦は世界を制したはずの米ドルは今、紙くずと化す危機を迎えているのだ。

手元に米ドル紙幣をお持ちであれば、それが本当に「紙幣」であるか、隅から隅までじっくりと見てもらいたい。金額は書かれているものの、それが紙幣であるという証拠はどこにもない。英語に詳しい人は気付くだろう。米ドル紙幣に書かれている「FEDERAL RESERVE NOTE」の「NOTE」とは本来「証書」を意味する言葉だ。「FEDERAL RESERVE」、つまりFRBが発行する証書であって、紙幣を意味する「BILL」という言葉はどこにも書かれていない。

ではFRBはいったい何の証書を印刷して世に流通させているのか？　一言でいえば「借

用証書」だ。1ドル紙幣を持っている人に対して、「あなたから1ドル借りています」という意味になる。つまり、1ドル紙幣を持っていても、1ドルを持っているということにはならない。あくまでFRBに対して「1ドル貸した」というだけで、本質的に1ドルの価値を手にしたわけではないのだ。

だがそうであれば、1ドルをFRB傘下の銀行に持っていけば「1ドルの価値があるもの」と交換してくれるはずである。しかし窓口でもらえるのは、またもや「NOTE」と書かれた1ドル紙幣。本来ならば借金の担保となるもの、例えば金（ゴールド）という形で返してもらわないといけないのに、借金札を借金札で返されるというおかしなことが起こってしまうのだ。

なぜこういうことになってしまったのか。

そもそもどうしてFRBが米ドル紙幣を発行できるかというと、その価値を保証するだけの何か価値のあるものを持っているからである。1ドル紙幣を発行するなら、1ドルの価値のあるもの、つまり1ドル紙幣と交換できる金がないといけない。しかしFRBは、自分たちが持っている金の量をはるかに超えるドルを刷り続けてしまった。もちろん、彼らがそれを認めることはないのだが、天文学的数字にまで膨れ上がった米ドルの総量を考えると、彼らは数百万トンの金を持っていないといけない計算になる。米ドルの価値が揺らいでいる今、彼

ドルという裏付けのない「借金札」で
世界の金融覇権を握ったアメリカ

第二次世界大戦中の1944年、ドルを基軸通貨とする「ブレトン・ウッズ」体制が確立。戦後、アメリカは世界中にドルをばらまいた結果、保有する金（ゴールド）が激減、1971年の「ニクソン・ショック」でドルと金の交換を停止した。金の裏付けのないドルが価値を維持できたのは、国際取引の決済に必要な基軸通貨がドルの他になかったからにすぎない。ドル紙幣には「NOTE（証書）」と記されているが、実際には返済の保証のない「借金札」も同然なのだ。

彼らは金があることを証明しなければならないが、それは到底無理なことだろう。なぜなら人類が有史以来発掘してきた金の総量は、約14万トンしかないからだ。それでも彼らはその何十倍もの金を「裏で隠し持っている」と見え透いた嘘をついている。このことに関しては、私もかつて世界中を飛び回って取材したことがある。「アメリカはちゃんと金を持っている」と主張する関係者に何度もしつこく当たってみたが、誰一人として金の保有を証明することはできなかった。実際に数百万トンの金を肉眼で見れば私も信じただろうが、実物どころか証拠となる写真すら見せてくれなかった。

キッシンジャーの言っていた通りに、アメリカは金融覇権を握り、世界を制した。しかしそれは、イカサマがバレなかったからそうなっただけのことだ。今も一部の人を除き世界中の人々に米ドル紙幣が価値あるものだと信じ込ませることに成功しているから、米ドルはＢＩＬＬとしての価値がないにもかかわらず他の貨幣と交換することができている。アメリカの人たちが実生活で米ドル紙幣が使えるのもそのためだ。米ドルそのものには価値はないが、「他国の通貨と交換できる」という基軸通貨としての価値が備わっているので、ＮＯＴＥなのにＢＩＬＬとして通用している。問題が起こるのは、イカサマが一般大衆にもバレたときだろう。米ドルに通貨の価値がないとわかれば、その価値はたちまち暴落する。

それを見越して実際すでに、米ドルから逃げ始めている国もある。これまで米ドルは、原油取引などの国際的な決済手段として使われてきたが、米ドル以外の通貨で決済しようとする国が増えてきたのだ。例えばロシアの国営企業「ガスプロム」は、米ドル以外の通貨での取り引きを行う方針を打ち出している。同社は世界最大級の天然ガスを供給する企業であるだけに、そうなれば追随する国や企業が現れるだろう。ガスプロムの動きはもちろん、ロシア政府が主導している。クリミア危機以降、経済制裁を続けるアメリカに対して、ロシアは「脱米ドル」を示すことで対抗姿勢を見せているのだ。米ドルが世界の国々を思いのままにしてきた時代は、もう終わったのだ。

失墜するドルと躍進する人民元

脱米ドルの動きは止められそうにない。ロシアのみならず、ヨーロッパ、アジア、アフリカで、米ドルで決済をしない国が相次いでいる。ではそうした国は次にどこの国の通貨で取り引きを始めるのだろうか。

有力視されているのは中国の人民元だ。これまで人民元は、国際通貨としての信用はほとんどないに等しかった。しかし現実として世界の貿易は、中国を中心に回っている。人民元を決済に使う国も増え始め、中国としてはもう自分たちの通貨が国際通貨として認められてもいいはずだと思っていたことだろう。習近平にとってもそれは悲願であった。

状況が大きく動いたのは２０１６年10月１日。この日は人民元が国際的に認められる重要な日となった。ＩＭＦが人民元をＳＤＲ（特別引き出し権）の構成通貨に採用したのである。これにより人民元は、すでにＳＤＲバスケットに採用されていた米ドル、ユーロ、日本円、英ポンドと肩を並べたことになるが、習近平が思い描く理想はまだ先にある。信用が急落する米ドルを基軸通貨の地位から引きずり降ろし、代わりに人民元が基軸通貨となるところまで考えている。習近平のこの計画が成就すれば、人民元は世界の金融覇権を手中に収めることになる。それは同時に、中国が21世紀の覇者となることを意味する。

米ドルの影響力が弱まる中、中国の人民元はこれからますます勢力を強めていくものと思われる。

例えばＥＵ離脱が決定しているイギリスでは、英ポンドと人民元を取り引きできるように金融システムを変更した。また２０１６年11月には、ロシアのメドベージェフ首相と中国の李克強首相が会談し、ルーブルと人民元の銀行決済を拡大させる約束を取り交わした。人民元に流れているのは主要国ばかりではない。ナイジェリアやジンバブエなどアフリカ諸国は、

凋落するドルを引きずり降ろし、
基軸通貨の座を狙う人民元

IMF は人民元を SDR（特別引き出し権）の構成通貨に採用。人民元はその構成比で日本円を抜き、米ドル、ユーロに次ぐ世界 3 位の通貨となった。2015 年に発行された新100 元札は旧札と同じデザインながら、偽札防止のためのホログラムが施されている。人民元の国際的な信用度を高め、基軸通貨を目指す中国の本気度が見える。

米ドルから人民元への切り替えを進めていく方針を打ち出している。

人民元というと、日本人はあまりいい印象を持っていないことが多い。中国を旅行すると、ガイドから「お釣りを偽札で返してくることもあります」と注意される。ATMから偽札が出てくることも珍しくない。ある意味そのようなネガティブなイメージが、中国への正しい理解を阻害しているともいえる。

たしかにそういった一面はあるが、数年前のイメージは取り払ったほうがいいだろう。人民元には2015年11月、新しい100元札が発行されている。これはもちろん偽札対策からである。中国政府が人民元を国際通貨として通用させるために、その本気度合いを見せたのだ。

実際に、人民元の国際的な信用度は年々高まっている。今、人民元は円、米ドル、ポンド、豪ドルなどと取り引きが可能になっている。BIS（国際決済銀行）によると、人民元の1日あたりの平均売買高は、2016年4月に2020億ドルを記録した。2013年4月に調査されたときの1200億ドルから倍近くに増加している。世界全体の外国為替取引のシェアにおいても、2％から4％へと上昇している。通貨の組み合わせでは、米ドルと人民元の取り引きが著しく活発になっているという。

こうして人民元は徐々に世界に浸透し、そのうち米ドルすら追い抜くだろう。

トランプが「パリ協定」を離脱した本当の理由

2017年6月、世界に「失望」のニュースが広がった。前々から「パリ協定」からの脱退を示唆していたトランプが、正式にアメリカの脱退を発表したのだ。もちろん、「失望」というのはメディアが勝手にそういっているだけなので流されてはいけない。パリ協定は地球環境のための協定であると思わせる勢力が、そのように世論誘導をしているにすぎない。

その勢力とは、ヨーロッパ貴族のロスチャイルド一族だ。彼らが裏でどう暗躍していたかは第3章で詳しく述べよう。ここではなぜ、トランプがパリ協定の離脱を決めたのかについて解説する。

パリ協定とは、2015年12月12日にフランスのパリで開かれたCOP21（第21回気候変動枠組条約締約国会議）で採択された協定だ。その最大の目的は地球温暖化対策であり、各国がそれぞれ温室効果ガスの削減を目指すことや、世界の平均気温の上昇を産業革命前と比べて2度以内に抑えることなどが定められている。

これに対してトランプは、「地球温暖化の気候変動はでっち上げだ」という立場を取っている。私もそれは間違っていないと思う。二酸化炭素が増加して地球の平均温度が上がるという説は、科学的に何の根拠もないデマである。実はこれも、ロスチャイルドらのグループが作り上げた話である。

そんなこともあり、トランプは選挙期間中からパリ協定からの離脱を明言していた。それと同時に、国内の石炭産業を復活させることも公約に掲げていた。そして大統領就任後の2017年3月に早速、オバマ政権が導入していた火力発電所への二酸化炭素排出規制などを見直すように指示する大統領令に署名している。オバマ政権による火力発電規制では、二酸化炭素の排出量を2030年までに2005年比で32%削減するように求めていたが、この規制により石炭の生産量が下がり、年間で最大390億ドルのコストが余計にかかると試算されていた。二酸化炭素と温暖化の関連性がないのだから、これは特に問題のない決断である。

しかしアメリカ以外の首脳たちはトランプのような立場を取っていない。パリ協定離脱発表後の7月にドイツのハンブルクで開かれたG20では、アメリカ以外の19カ国が協定の取り組みを履行することが確認され、アメリカの孤立はますます深まったのだ。またこのとき会場の外では、アメリカの離脱に抗議する市民集会も開かれていた。「変わり者のトランプがまた自分勝手なことを言いだした」「地球環境を破壊し続けるとんでもない奴だ」と思った

「地球温暖化」という「環境デマ」に
踊らされる罪なき一般市民

2017年7月、ドイツで開催されたG20に抗議する市民デモ。参加者は8万人を超え、一部が警察と衝突、200人以上の負傷者が出た。群衆は、アメリカのパリ協定からの離脱やグローバル主義による格差拡大などに対して抗議の声を上げた。「地球温暖化」「貧富の拡大」など、デマや陰謀に踊らされるのは常に罪なき一般市民なのだ。

人も多かったに違いない。

しかし、パリ協定の本質はそこではない。環境デマが元になっていることはトランプだけでなく他国の首脳たちも知っていることなので、むしろこのパリ協定そのものの意味が何なのかと疑いたくなるところだが、実はこのパリ協定こそ、世界の金融覇権を決定づけるものだったのだ。

ペンタゴン筋によると、「パリ協定の温室効果ガス排出量の割合は、新国際金融システムの議決権比率でもある」のだという。パリ協定に明記された195カ国の温室ガス排出量の割合は、中国20・09％、アメリカ17・89％、EU11・61％、ロシア7・53％、インド4・10％、そして日本3・79％と続いている。つまりこれからの世界で、中国が最大の金融議決権を持つことが明記された協定なのである。

トランプがこの協定から離脱した最大の理由はここにある。自分たちの敗北を認める調印にわざわざ出かけることは、彼らとしてはまだ受け入れがたいのだ。離脱を発表したアメリカに対し、他のG20諸国はもう一度交渉の席につくようにと求めている。トランプも、交渉自体は拒否していない。中国とアメリカの排出量割合をめぐっての駆け引き次第では、電撃的な再調印も可能性としてはないとはいえないが、中国が譲歩するというのも今のところは考えにくいシナリオだ。

「米国債最大保有国」中国が持つアメリカの生殺与奪権

AIIB、パリ協定、そして実体経済の低迷――。

米ドルは窮地に追い込まれている。そのうえアメリカは今、18兆ドル、日本円にして2000兆円を超えるとんでもない対外債務を抱えている借金大国だ。人類史上でこれだけの借金を抱えた国は他に例がない。アメリカはもはや、異次元の世界に足を踏み入れているのだ。


そしてアメリカにとっての最大のネックは、アメリカ国債の最大保有国が中国であるという点だ。20世紀後半以降、アメリカ国債の最大保有国は日本であった。ところが2000年代に入ると中国の保有額が急激に伸び始め、2008年に1位と2位は入れ替わっている。2016年6月時点でのアメリカ国債保有額は、中国が1兆2408億ドル、日本は1兆1477億ドルとなっている。3位のアイルランドが2706億ドルであることから、この2カ国がいかに突出して多いのかがわかる。

アメリカにとって日本は植民地のようなものなので、いくら国債を持たれていても問題はなかったが、覇を争う中国が最大の保有国となるのはいろいろと都合が悪い。

例えば世界中に展開しているアメリカ軍。基地や空母は作った後も莫大な維持費がかかる。今、アメリカが軍を維持できているのは、実は中国が国債を大量に買ってくれているおかげでもある。もし中国マネーが米国債に流れてこなくなれば、その時点でアメリカの軍隊は無力化する。そうなれば米中は戦争にもならない。アメリカの自然死で決着がついてしまうだろう。

中国はアメリカ国債を大量に保有することで、アメリカの生殺与奪を握ったと言っても過言ではない。中国が米国債を買うのをやめれば軍艦が止まる。中国が持っている米国債を大量に売却すれば、アメリカの市場が大混乱に陥り、米ドルも暴落する。中国は今、アメリカと世界経済の運命を握った状態でもあるのだ。

アメリカがこれを回避するには、米国債の保有者に対して利子をもっと払うしかない。利子が入ってくるなら、中国もそう簡単には米国債を手放さない。ただし、それにはマネーが必要だ。今のアメリカにそれだけの余力はないだろうし、また錬金術のようにお金を刷ったところで、それによって米ドルの暴落が引き起こされる可能性もある。仮に利子を払うことができたとしても、金利が上がれば今度は借金の多い新興国や貧困層が苦しむことになる。世界経済のさらなる冷え込みは避けられないだろう。

通貨切り下げでドルを「国内用」と「国際用」に分断

崖っぷちに立たされたアメリカだが、打つ手がなくなったわけではない。これまで封印してきた禁断の一手は、「通貨切り下げ」である。

通貨切り下げとは、自国通貨の交換レートを意図的に下げる金融政策の一つだ。相対的に輸出品が安くなって輸出量が増えるため、輸出国にとっては自国経済を潤わせることができる有利な政策だ。

しかし安い輸入品が入ってくる他国にとっては、必ずしもいいことばかりではない。例えば、これまで1000ドルで入ってきた輸入製品が500ドルになる。消費者にとっては嬉しい話だが、国内のライバル業者にとってはひとたまりもない。価格競争に勝てず、やがて産業も衰退してしまうことになる。

そのため、通貨切り下げは自国に有利な反面、他国からの反発が大きいというデメリットがある。これまで通貨切り下げを実施することで輸出を伸ばしてきた中国に対しては、トランプも「アメリカの産業の衰退は中国のせいだ」と名指しでの批判を繰り返してきた。そのトランプが、今通貨切り下げを実施せざるを得ない状況に追い込まれているのだから皮肉なものである。

もしアメリカが通貨切り下げを実施して、通貨の価値を半分に下げれば、輸入品は倍の値段になる。対外的な米ドルの価値が半分になるからだ。しかし国内での米ドルの価値は変わらない。国内で作られた工業製品や農産物に関しては、これまでと同じように買うことができる。高い関税で輸入品をブロックしなくとも、国産品は輸入品よりも価格競争力の面で有利に立ち、これまでよりも売れるようになるだろう。

観光収入の増加も見込まれる。例えば日本人がアメリカで10万円分のお土産を買おうと思った場合、1ドル100円のときであれば1000ドル分の買い物ができる。通貨切り下げでこれが半分の1ドル50円になった場合、10万円で2000ドル分の買い物ができる。もちろんホテル代や飲食代でも使える金額が増えるし、安く抑えることもできる。こうなったらアメリカに行く人が急増するだろう。通貨切り下げは対円レートに限らないので、世界中の人々がアメリカを訪れ、お金を落としていくことになる。

同じようにグローバル企業の参入も活発化する。なんせアメリカでモノを安く作れるようになるのだ。大量の雇用が創出され、平均賃金も上がり、国内経済は復活の道を歩むことだろう。

アメリカにとっていいことずくめの通貨切り下げだが、これまではそれができずにいた。というのも、アメリカのドルはもはやアメリカ国民だけのものではないからだ。現在、米ドルの90%を外国の企業や個人が持っているといわれている。通貨切り下げを実施すれば、外国人にとっては資産が目減りしてしまうことになる。そうなると世界中でパニックが起こり、アメリカの信用も失墜する。自国経済の再生などと喜んではいられなくなるのだ。

そこでトランプは、外国人に不利益を生じさせないように通貨切り下げを実現するためのある秘策を実行する。それは新通貨の発行だ。私のもとにも、アメリカの情報筋からそれを裏付ける具体的な情報が入ってきている。

アメリカは、世界で流通している米ドルをそのまま維持し、代わりに国内用の新通貨を作ったうえで通貨切り下げを実施するしか財政を立て直す道はない。その時期は今年（2017年）であってもおかしくない。すでに準備は整っており、後は発表のタイミングを待っているだけだという。

第3章

トランプ大統領誕生と「世界の黒幕」の権力闘争

混迷を極めるアメリカの「闇の勢力図」

米中による争いの陰で、国家という枠には収まりきらない二大勢力が暗躍している。その勢力とは、これまでの権力を保持しようとする「世襲主義派」と、新たな秩序作りに乗り出す「実力主義派」だ。彼らは「世界の黒幕」として理想の世界を作るために今なお、米中、そして日本を含めた世界中の政府を裏から操っている。

アメリカを裏で操る「ハザールマフィア」の正体

本書の冒頭、「米中のレンズ」だけではこの世界を読み解くことはできないと述べた。例えばアメリカと中国の関係だけを見ていても、アメリカは中国に対して敵意をむき出しにすることもあれば、距離を縮めようとすることもある。その逆も然り。中国の対米姿勢も、以前と異なる動きを見せることが多々あるのだ。

もちろんそれが、純粋に「米中間の駆け引き」である場合も多い。ただし情勢を事細かに観察していると、根幹の部分でズレが生じているのではないかと思えることも出てくる。ロシアやヨーロッパとの関係を見てもそうだ。これまでヨーロッパはＮＡＴＯ（北大西洋条約機構）の仲間として、アメリカと運命を共にしてきた。それが今はアメリカと対立する中国に寄っている。いくら中国の経済規模が大きくなったからといって、アメリカもまだまだ敵に回せるほど弱体化したわけではない。アメリカがロシアに制裁を加えながら、キリスト教同盟に引き込もうとラブコールを送っているのも一貫性のない話だ。キリスト教同盟に入れたいのであれば、まずは経済制裁を解除するのが筋なのに、それをしていないのはおかしいと思わないだろうか。

このように、今の世界情勢を一つのレンズで読み解くのは限界がある。どうしてもどこかで矛盾が生じてしまうのだ。しかし日本のテレビを見ていても、国際政治を解説するコメンテーターたちは一つのレンズだけで物事を解説しようとする。そのため、それを見ている視聴者たちも状況を正しくつかめずにいる。

国家というものは、一つの意思では動いていない。人種、宗教、出身地などが異なる、さまざまな人間の思惑が絡まって動いている。一人の人間ができることは、せいぜい選挙の投票に行ったり、ブログで意見を述べたりする程度で、ダイレクトに国を動かすことまではできない。しかしそれも、ある程度の数がそろえば話は変わる。決して大勢ではなくとも、豊富な資金力さえあれば国を乗っ取ることも可能なのだ。実際、世界中の国々で乗っ取りというのは当たり前のように行われており、特に今、アメリカの操縦桿を握る争いが米中の争い以上に熾烈になっている。

ここまで、20世紀の覇者はアメリカであったと述べてきたが、それも正確に言い換えれば、「ある勢力」がアメリカを乗っ取って世界を支配してきたということである。彼らはワシントンD.C.、つまりアメリカ政府を乗っ取り、アメリカの政治、法律、外交を自分たちの思いのままにしてきた。そして中央銀行を乗っ取り、自分たちの好きなときに好きなだけ米ドル紙幣を発行して、自分の懐に入れている。さらには大手マスコミも手中に収めている。情報を統制することで国民を洗脳し、自分たちにとって都合の悪い情報はすべて隠蔽してきたのだ。その正体は、世界の上位0・000001パーセント（1000万に1人、つまり70億人中700人）の富裕層にあたる欧米の寡頭勢力、すなわち「ハザールマフィア」である。

ハザールマフィアとは一体どういう人たちで成り立っているのか。私の著書やメルマガなどでもよく登場しているこの言葉を、改めて説明しよう。

英語圏でハザールマフィアという言葉が浸透する以前、私はこの勢力を「サバタイ派マフィア」と呼んでいた。ここで言う「サバタイ」とは、17世紀に実在したトルコ出身のユダヤ人、サバタイ・ツヴィ（Sabbatai Zevi）という男から取っている。ハザールマフィアの祖ともいえる存在である。

サバタイは自らを「ユダヤの救世主である」と説いて回った。最初はもちろん、誰も相手にしていなかったが、カバラ（終末論やメシア論などを唱えるユダヤ教の神秘主義思想）の学者であるアブラハム・ナタンがサバタイをメシアだというようになってから、急速に熱狂的な信者を獲得していった。

しかし当時のサバタイの存在を危険視していたトルコの皇帝は、彼を逮捕し、こう言った。

「これからお前に矢を放つ。本当に救世主ならば奇跡を起こしてみろ。それができないなら、イスラム教に改宗せよ」

つまり、死刑か改宗か、二つに一つを選べと迫ったのだ。この時すでに100万人以上の信者を抱えるサバタイだったが、この選択に時間はかからなかった。彼はあっさりとイスラム教に改宗したのだ。

この出来事が、今につながる分岐点だったといえる。彼は本当の意味で改宗をしたのではなく、死刑を逃れるために見せかけの改宗をして、今度はイスラム教を乗っ取ることを画策したのだ。彼に続いて信者たちも一斉にイスラム教に改宗したが、それも同じく見せかけであった。

その後サバタイの勢力は、一神教、つまりはユダヤ教、キリスト教、イスラム教の統一を目指した。そしてサバタイ信者が有力な集団の内部に侵入し、それを乗っ取ることに成功している。その手法を受け継いだ子孫たちは、ユダヤ教徒のふりをしたり、イスラム教徒のふりをしたり、ユダヤ人のふりをしたりしてさまざまな国の中枢に潜り込んできた。そして現在ではアメリカ、ＥＵ、日本、サウジアラビア、カタール、ウクライナ、そしてイスラエルの一部を支配するまでになったのだ。

ハザールマフィアは、現代においてさまざまな事件を起こしている。２００１年9月11日に起こった世界同時多発テロも彼らによる自作自演テロで、ワールドトレードセンターの崩壊が小型核の使用によるものだという証拠もあがっている。２００３年、「大量破壊兵器を持っている」とでっちあげてアメリカが起こしたイラク戦争も、彼らの主導だ。そして世界中を恐怖に陥れているＩＳＩＳ（Islamic State of Iraq and Syria）、自称「イスラム国」も、ハザールマフィアが雇っている傭兵で、その資金はＩＳＩＳと戦っているはずのアメリカからサウジアラビアを経由して流れている。

歴代のアメリカ大統領もハザールマフィアが牛耳ってきた。「パパブッシュ」ことジョージ・Ｈ・Ｗ・ブッシュ、ビル・クリントン、「ベイビーブッシュ」ことジョージ・Ｗ・ブッシュといった近年の大統領も、バリバリのハザールマフィア勢力である。バラク・オバマはハザールマフィアではないが、実際にはハザールマフィアの意のままに動く操り人形、広報官といったところだ。ハザールマフィアの影響を受けていない大統領となると数人しかいない。最近の例だと、ジョン・F・ケネディまで遡らなければならない。

彼らの既定路線では、オバマの次はヒラリー・クリントンになるはずだったのだが、思わぬ大敵が出現した。ドナルド・トランプである。ハザールマフィアは傘下のメディアを使い、大統領選の票をヒラリーに誘導しようと試みたが、これまでの手法は通じなかった。ケネディ以来の、自分たちのコントロール下にない大統領を誕生させてしまったのだ。

大株主ハザールマフィアが支配する「株式会社アメリカ」

ハザールマフィア内で最も大きな力を持っているのは、大統領クラスの人間たちではない。一国の主にとどまらず、世界中の政治、エネルギー、金融、軍事を自分たちの思いのまま動かすロックフェラー一族やロスチャイルド一族といった欧米の財閥グループは、まさに人類のピラミッドの頂点に君臨し続ける一族である。

彼らは石油や金融、軍事ビジネスで成功を収めて大きな財を成した。世の中に広く知られている大企業のほとんどは、彼らの支配下にあると言ってもいい。彼らは自分たちが繁栄し続けるために、ビジネスだけでなく政治の世界にも権力が及ぶようなシステムを構築した。先ほど「アメリカ政府を乗っ取った」と述べたことがまさにそれである。

ではどのようにして、彼らは政府を乗っ取ったのか。

現在のアメリカ合衆国政府が、実は民間会社によって運営されていることをご存知だろうか。その民間会社とは、1871年にされた「株式会社アメリカ」（THE UNITED STATES OF AMERICA）である。株式会社アメリカは、1776年にイギリスから独立した「アメリカ共和国」（The Republic of the United States of America）とはまったく異なる別の組織だ。

株式会社アメリカの存在をいぶかしむ人もいるだろうが、この会社はアメリカで法人登記もされているれっきとした会社だ。アメリカの大手信用調査会社「ダンアンドブラッドストリート」の企業データベースにもしっかりと登録されている。法人として認められているうえ、連邦法によって独立的な地位も与えられた特別な会社でもある。

株式会社アメリカの本社機能があるワシントンD.C.には、アメリカ国内でありながらアメリカとは異なる法制度が敷かれている。アメリカの領土内に存在しているように見えて、アメリカという国家には属していない特別区だ。この事実は一般には浸透していないが、このような特別区があるのはアメリカだけではない。位置的にはローマ市内にありながらイタリアではない「ヴァチカン」、ロンドン市内にありながらイギリスではない「シティ」もまた、その国の権限が及ばない特区である。各都市にはそれぞれ、世界の宗教、金融、政治、軍事の権力が集中している。

株式会社なのだから当然株主もいる。そこに名を連ねているのがロックフェラー一族やロスチャイルド一族、ブッシュ一族などのハザールマフィアである。

公的機関が公共の利益のために存在するのに対し、民間企業は株主の利益のために存在する。つまり今、アメリカ合衆国政府はアメリカ国民の利益のためにあるのではなく、ハザールマフィアのためにあると言っても過言ではない。中でもロックフェラー一族、ロスチャイルド一族は大きな力を持っている。

彼らの影響力は多国間の国際協定にも及んでいる。日本では「欧州版ＴＰＰ」と呼ばれる環大西洋貿易投資パートナーシップ協定（ＴＴＩＰ）でも、彼らの所有するアメリカの大企業に有利になるような条件をＥＵに押し付けようとしていた。現在ＴＴＩＰの交渉は中断されているが、それはトランプが保護貿易政策をとっているからという理由だけではない。それ以前のオバマ時代から、ＥＵ側ではドイツやフランスなどが交渉に難色を示していた。中でもＥＵ側が警戒していたのは、ＴＴＩＰに盛り込まれた「ＩＳＤ条項」にある。

ＩＳＤ条項とは、外国の企業や投資家が相手国の規制や法令などにより不利益を被った場合に、「投資紛争解決国際センター」という機関に訴えることのできる取り決めだ。投資紛争解決国際センターは裁判権という強力な権利を持っているが、実はこの機関はハザールマフィアの所有物となっている「世界銀行」の下部組織である。

世界銀行とは、１９４５年に第二次世界大戦後の復興を目的に設立された国際金融機関である。表向きには貧困撲滅という目的を掲げているが、本当の目的は自分たちが主導して国際的なルールを作り、世界を自分たちの思うように運営していくことにある。世界銀行がいかにアンフェアな組織であるか。それを物語るのが、歴代12人の総裁がすべてアメリカ人であるという点だ。世界銀行の加盟国は１８９カ国にのぼるが、総裁の人事権は各国にはなく、所有者のハザールマフィアが握っているため、このようなことがまかり通っているのだ。ちなみに世界銀行の本部があるのもワシントンD.C.だ。

ＴＴＩＰにＩＳＤ条項がある以上、何かしらの争いが生じた際にＥＵ側の企業が大きな不利益を被ることは確実だ。公平な裁判が行われるとはまったく信じていないＥＵは、ＴＴＩＰの交渉の席からほとんど降りてしまっている。

このようにあからさまな手法で、世界を意のままにしてきた株式会社アメリカ、そしてその所有者であるハザールマフィアだが、このところ急速に力が弱まっている。中国の台頭、そしてトランプ大統領の誕生は、ハザールマフィアの弱体化を象徴する大きな出来事だった

ハザールマフィアが大株主
（株）アメリカの本社・ワシントン D.C.

アメリカの首都・ワシントン D.C にある米国議会議事堂。1871 年に可決した「コロンビア特別区基本法」によりワシントン D.C. が成立した。「株式会社アメリカ」の本社として、大株主であるロックフェラーやロスチャイルドらハザールマフィアの利益に沿うようにアメリカという「国家」を運営している。現在、彼らは倒産寸前の株式会社アメリカを延命させるべく、価値のないドルを刷りまくって、粉飾決算のような詐欺行為を続けているのだ。

といえる。これまで二重三重のカラクリで一般市民をだましてきたことが、さまざまな形で露呈しているのだから当然だ。一番の要因は何と言ってもインターネットだろう。どんな立場の人間でも情報を世界に発信することができるようになり、これまで漏れてこなかった情報が次々に明るみに出るようになった。中でも暴露サイト「ウィキリークス」は、9・11テロの真相やヒラリー・クリントンの不正など、ハザールマフィアの悪事を次から次に暴いている。

ザッカーバーグとヒラリーは D・ロックフェラーの孫と隠し子

かねてから死亡説の流れていたロックフェラー家3代目当主、デイヴィッド・ロックフェラーが、2017年3月20日に死去したことが公表された。私がそれ以前に財団広報などに彼の生死を問い合わせた際、彼らは肯定も否定もしなかったので、恐らくこの世にいなくなった後も諸事情により「延命」していたのだろう。

今となってはそれは大きな問題ではない。重要なのは、デイヴィッド・ロックフェラーの死が正式に公表されたことで、これまで彼の座っていた椅子が空いたということ。つまり彼が支配していた組織内部で、権力の空洞化が始まっているということだ。

ロックフェラー一族は、初代当主のジョン・ロックフェラーが石油ビジネスで大成功を収め、その弟のウィリアム・ロックフェラーも現在のシティグループの創始者として金融業界で成功を収めたことで世界の支配者に躍り出た。3代目のデイヴィッド・ロックフェラーはハザールマフィアの最重要人物であり、（本当に2017年3月まで生きていたとするなら101歳と高齢だったとはいえ、その影響力も大きかった。「虎の威を借る狐」のごとく彼の後ろ盾で権力を握っていた人間は、彼の死とともに権力の座を追われることになるだろう。先に述べたヘンリー・キッシンジャーなどは、デイヴィッド・ロックフェラーの威光でのし上がった人間の典型だが、その死により完全に無力化した。

Facebook のCEO、マーク・ザッカーバーグも今後はどうなるかわからない。というのも彼は、デイヴィッド・ロックフェラーの孫であるからだ。情報筋によると、Facebookを作ったのはザッカーバーグではない。Facebookを作ったのは別の人間だが、ロックフェラーが勝手に取り上げ、それをザッカーバーグに与えたというのが真相のようだ。ザッカーバーグは天才プログラマーでも何でもなく、ただ金持ちの家に生まれた一人の凡人にすぎないのに、まるで自分が時代の寵児であるかのように振る舞っているというわけだ。Ｆａｃｅｂｏｏｋを使用している人は、プライベート情報がハザールマフィアにダダ漏れなので、悪用されないように注意してもらいたい。

第1章でザッカーバーグがハワイのカウアイ島で1億ドルの土地を購入したと述べたが、この「砦づくり」は彼自身がすでにハザールマフィアの弱体化に気付いているからでもあろう。被害妄想にとらわれている彼は今、身を隠せる場所を探している。その一つがカウアイ島ということになる。

またクリントン夫妻もロックフェラー一族だという情報がＣＩＡ筋から寄せられている。ビル・クリントンの父親はウィリアム・ジェファーソン・ブライス・ジュニアというイングランド系アメリカ人とスコットランド系アメリカ人の血を引く人物とされているが、本当の父親はウィンスロップ・ロックフェラー（デイヴィッドの実兄）で、ビルは隠し子だったという情報が飛び交っている。そしてデイヴィッドの死後、ヒラリー・クリントンが「デイヴィッド・ロックフェラーの隠し子だった」という情報が寄せられるようになった。

二つの話が事実なら、二人はいとこ同士で結婚したことになる。ビルの不倫騒動があっても二人が離婚することなく、夫婦関係を続けながらクリントン財団の創設やヒラリーの政界進出へとつながっていったのは、二人が赤の他人ではなく特別なつながりがあったからなのかもしれない。血は水よりも濃い。

Facebook 創業者・ザッカーバーグは
デイヴィッド・ロックフェラーの孫

2016 年、総資産額 446 億ドルで世界長者番付 6 位となったザッカーバーグ。一介の青年が超巨大 IT 企業の CEO に登りつめた背景には、D・ロックフェラーの孫という出自が関係している。現在、Facebook の利用者は全世界で 20 億人を突破。ハザールマフィアはこの巨大 SNS を通じて世界中の個人情報を収集しているのだ。

（出所）マーク・ザッカーバーグの Facebook より

ハザールマフィアに対抗する「実力主義派」の存在

ヒラリーを大統領にするつもりだったハザールマフィアにとって、ドナルド・トランプの登場は計算外だった。当初、トランプは何の後ろ盾もない一介の泡沫候補にすぎなかったが、ハザールマフィアと敵対する勢力がバックに付いてからは、トランプフィーバーと相まってヒラリーでは太刀打ちできない相手になってしまった。

ここで言う「ハザールマフィアと敵対する勢力」とは、アメリカ軍の制服組やＣＩＡ（中央情報局）、ＦＢＩ（連邦捜査局）、ＮＳＡ（国家安全保障局）のキャリア官僚を中心とした、アメリカ国内の「愛国派」、そして「マルタ騎士団」の一部派閥だ。彼らは国家レベルの動きとして、アジア勢力に対抗するためロシアやヨーロッパ諸国を誘ってキリスト教同盟（白人国家同盟）を作ろうとしている勢力でもある。そして国内ではハザールマフィアのこれまでの悪事を暴き、権力を奪い取ろうとしている。

トランプはハザールマフィアでもなければ、愛国派グループでもない。言ってみれば風来坊のような存在だが、これまでの発言からもわかるようにハザールマフィア陣営を間違いなく敵視している。言っていることがコロコロ変わるので誰の言うことを聞いているのか見えにくいところだが、「敵の敵は味方」の論理で、愛国派グループに組み込まれているといってもいいだろう。事実、選挙戦では、米軍がハザールマフィアからトランプを守っていた。そしてアメリカの愛国派が連携を取っているローマのイエズス会からも支援を受け、当選へとつながる後ろ盾を得ることに成功した。過激発言で自由奔放に見えるトランプも、実際にはハザールマフィアとは反対側にいる勢力の影響下にあるのだ。

ここからは、支配者たちの「勢力関係図」がこれまで以上に複雑化していく。ハザールマフィアの中にもいくつかの勢力があり、その反対側にもさまざまな勢力がある。それは国家のある組織で暗躍していたり、ある宗教の宗派だったりするので、見極めと整理がなかなか難しいところだ。例えば先ほど愛国派と位置づけた米軍内にも、テロリストたちを支援するハザールマフィアが入り込んでいる。まさにこれは、サバタイから受け継がれた手法のたまものといえる。一口に米軍やＣＩＡといっても、決して一枚岩ではないことに注意してもらいたい。

ただ、大きくは二つの勢力があると思っていただきたい。一つは、これまでの世界を牛耳ってきた既得権益者たち。「世襲主義派」だ。ハザールマフィアやその支配下にある安倍政権はこちらに分類される。そしてもう一つは、既得権益者たちが作った不公平な超格差社会の仕組みを正そうとする「実力主義派」だ。彼らは革命的な考えを持ち、これまでの権力者たちを表舞台から追い出そうと画策している。トランプが組み込まれた派閥だ。

現在のアメリカ国内は、世襲主義と実力主義のグループが混在し、内戦状態となっている。その中で今はハザールマフィアが劣勢に立たされている状況だが、最後の悪あがきで彼らはどんな手を打ってくるのかわからない。実力主義派も警戒しているところである。

米軍トップが入団する「マルタ騎士団」とは

トランプ政権のバックに付くキリスト教カトリックの騎士修道会「マルタ騎士団」についてここでもう少し詳しく述べておく。

マルタ騎士団の歴史は古く、約１０００年前の11世紀にまで遡る。もともと「聖ヨハネ騎士団」として聖地エルサレムを防衛し、キリスト教巡礼者らを守るとともに医療を提供する組織だった。だが戦いの果てに本拠地をロドス島、マルタ島へと移していった経緯がある。現在は領土を持っていないが、本拠地はイタリア・ローマのコンドッティ通り沿い、１階にエルメスやモンブランといった高級ブランドの入った建物内にある。「コンドッティ通り68」をグーグルのストリートビューで見てみると、マルタ騎士団の旗が掲げられている様子が確認できる。国連には正式加盟していないものの「オブザーバー」として参加しており、「主権実体」として外交関係を結んでいる国も100以上に及ぶ。

ヨーロッパにはいくつかの騎士団が存在するが、アメリカ軍の場合、将軍職に就くと伝統と格式のあるマルタ騎士団に入ることが多いという。重要なのは、そのプロセスを踏むことで、彼らはキリスト教文化圏の守護者になるという点だ。この慣習はロシア軍も同じで、ロシア軍では将軍になるとロシア正教の騎士団に入る。アメリカもロシアも、軍のトップは騎士団の一員。それはつまり東西の教会がそれぞれ、アメリカ正規軍、ロシア正規軍に対して相当な影響力を持っているということを意味する。

マルタ騎士団は現在、表向きは慈善団体として活動している。しかし実際にはアメリカ軍の他、ヨーロッパ各国の軍幹部も入団しており、欧米の軍事行動の意思決定機関という裏の顔がある。欧米裏権力の一翼を担っているのだ。特に欧米の軍隊が大規模な軍事行動に出るかどうかという際には、マルタ騎士団の意思が多大に影響してくる。トランプがいくら「北朝鮮を攻撃する」と言っても、彼一人の判断では米軍は動かない。その裏では必ず、マルタ騎士団をはじめとする各騎士団による「攻撃するか否か」の判断が行われているのだ。

現在のマルタ騎士団の総長は、ヴァチカンのローマ法王に忠実な穏健派イタリア人、ジャコモ・デラ・トーレという人物が暫定的に務めている。彼が選出された2017年4月29日、エジプトを訪問していたローマ法王フランシスコは、「北朝鮮をめぐるトラブルが『人類の大部分』を消滅させるような大きな軍事的紛争を引き起こす可能性がある」と懸念を表明した。ジャコモ・デラ・トーレの選出はつまり、ヴァチカンが「核戦争回避」を選択したという意味として受け取ることができる。

トランプが大統領に就任して半年以上が経つが、ハザールマフィアに対する9・11事件の追及、情報公開はほとんど進んでいない。むしろ最近のトランプを見るに、後退しているとさえいえる。マルタ騎士団がこの現状をどう判断し、次の行動に出るのかは注目しておきたいところだ。

日本のメディアがたれ流した「ヒラリー優勢」の虚報

世襲主義グループと実力主義グループが激しく火花を散らせたのは、2016年アメリカ大統領選挙だ。共和党候補のドナルド・トランプと、民主党候補のヒラリー・クリントンの一騎打ちは、終始「ヒラリー優勢」と報道されていた。

日本で大統領選のニュースをウォッチしていた人たちは、当然ヒラリーが勝つものだと思っていただろう。しかし蓋を開けてみれば、獲得選挙人の総数はトランプが306人、ヒラリーが232人という大差であった。日本のテレビのニュースキャスターやコメンテーターは口をそろえて「意外な結末」とショッキングに報じていたが、それはアメリカの現地の空気とはあまりにもかけ離れていた。実際にはトランプの「順当勝ち」だったのである。

日本のメディアが情勢を見誤った理由はたった一言、「取材不足」に尽きる。ニューヨーク・タイムズやワシントン・ポスト、現地の報道をただたれ流すだけで、アメリカ国民の声を拾うようなメディアは皆無といえた。実はアメリカの大手メディアのほとんどは、先ほど紹介したハザールマフィアの支配下にある。ハザールマフィアらはヒラリーを当選させることで自分たちの権益を守ろうとしていたのだから、ヒラリーが優勢だと伝えるのは当然。それを鵜呑みにして日本で報道することがそもそも大きな間違いだったのだ。

こんなこともあった。

ワシントン・ポストの記者が、ヒラリー陣営の集会を取材し、「熱狂的な大群衆」というテキストを添えてツイッターに会場の写真をアップした。その写真でヒラリーは、確かに一般市民の支持者らに囲まれており、会場も熱気に包まれているように見えた。しかし、この写真は撮影者である記者が角度をつけて、いかにも会場に大勢の人が集まっているように見せかけていただけだった。実際には「大群衆の一部」を写したものではなく、閑散とした「会場の一部」の人だかりを写したものだった。この涙ぐましい演出は、当日現地にいたトランプ支持者が会場全体を写した写真をアップしたことでアメリカ国民にバレてしまい、ヒラリーは赤っ恥をかくことになった。

同じころ、世間ではトランプが演説をすれば会場には数千人の人が集まるほどのフィーバーとなっていた。会場によっては人が入りきれず、外にも千人以上の人が溢れていたこともあった。この熱狂ぶりは、現地の声を取材しないとわからない。私は大統領選の1年以上前からこの選挙の取材をし、現地の人たちからも情報を得ていたので「確実にトランプが勝つ」とメルマガで何度も公言してきたが、これは予想が当たった、当たらなかったの問題ではない。取材をせずに記事を書き、一般の人々に誤った情報を発信し続けたことが問題なのだ。日本のメディアの罪はもっと糾弾されてしかるべきだろう。

この選挙期間中には、トランプとヒラリーの背後で、革命勢力とハザールマフィアによる内戦が勃発していた。私用メール問題などでヒラリーの足元がガタガタと揺れ始め、やがて敗色濃厚になってくると、ブッシュ親子をはじめとするハザールマフィアらはこぞって逃げ始めた。「たかがメール問題で大げさな」と思うかもしれないが、当局が本気で追っているのはヒラリーのメール問題ではなく、その背後で行われていたハザールマフィアの大量虐殺事件だ。メール問題はいわば「別件逮捕」として使うネタにすぎないのだ。

大統領選でヒラリーに残された最後の策は、ハザールマフィア陣営が得意としていた不正選挙だったがそれも不発に終わった。彼らは表舞台からは姿を消し、今も逮捕に怯えながら暮らしている。

ヒラリー周辺の「怪死事件」とウィキリークス

日本のメディアが大統領選で犯した最も大きな罪は、クリントン一族を「まともな人たち」のように伝えていた点だ。傍若無人のトランプと対比させることでそれはより際立っていったが、彼女の周辺を探っていくと、恐るべきもう一つの顔が浮かび上がってくるのだ。

セス・リッチという名前を聞いたことがあるだろうか。

彼は民主党全国委員会でデータ分析を担当する20代の男性スタッフであったが、2016

年7月10日早朝、ワシントンD.C.のバーで酒を飲んだ帰りに、何者かに銃で撃たれて死亡した。警察は強盗未遂事件として捜査したが、財布や高級腕時計、携帯電話など金目のものはまったく盗まれておらず、物盗りの犯行と見るには不自然さが残っていた。

大統領選挙戦が激しくなるさなかに起こったこの事件は謎に包まれていたが、やがてその死の原因なのではないかとされる情報が出てきた。民間捜査官のロッド・ウィラーという人物が、「セス・リッチのノートパソコンにはウィキリークスと接触した痕跡が残っている」と主張し始めたのだ。

実際にセス・リッチが死んで間もなくして、匿名暴露サイトの「ウィキリークス」が民主党全国委員会に関連したメールを大量公開している。2016年10月にウィキリークスは、ヒラリー陣営責任者、ジョン・ポデスタのアカウントから5万通以上のメールを盗み出したことを公表し、それらを段階的に公開していった。その中にはクリントン一家が主宰する慈善団体「クリントン財団」の資金の流れを暴いた書籍『クリントン・キャッシュ』出版への対応策や、ヒラリーの夫のビル・クリントンの長年の側近が長女チェルシーを「甘やかされた駄々っ子」と批判する内容なども含まれていた。また、民主党の重鎮からヒラリーに対して「孫と遊ぶ映像を使って有権者に売り込めばいい」などと、選挙戦のアドバイスを送るメールもあった。

ウィキリークスへの暴露は当初、アメリカの選挙戦をかき乱すロシアの仕業ではないかといわれ、ヒラリー陣営もロシアを非難する声明を出していた。しかしその証拠は見つかっていない。むしろ民主党のセス・リッチが流出させたという証拠が出てくるようになり、それをすでに知っていた民主党幹部らによって、セス・リッチが殺害されたのではないかという疑惑が浮上したのだ。

セス・リッチが強盗犯ではなく、何かしらの組織に殺されたとされる情報も飛び交っている。セス・リッチが運び込まれたワシントン・ホスピタル・センターの医師の内部告発によると、「けがは致命傷ではなく術後も安定していたが、おかしなことに突然ＬＥＯ（政府当局）の人間が来て、ＩＣＵ（集中治療室）から医師や看護師が追い払われた。その後にセス・リッチは死亡した」というのだ。

そして恐るべきは、ヒラリー周辺で怪死を遂げた人物は、セス・リッチ一人にとどまらないということだ。

元国連総会議長のジョン・アッシュは２０１６年6月22日に、ニューヨークの自宅で死去したと報じられている。死因は情報が錯綜しており、心臓麻痺、あるいはベンチプレスのトレーニング中にバーベルを喉に落としたことによる事故だったといわれている。彼はこの２日後、ヒラリーのメール問題に関する裁判で、証人として出廷する予定であった。そして法廷ではヒラリーに不利な証言をすると見られていた。

弁護士のショーン・ルーカスは、同年8月2日に自宅バスルームで死亡しているのが発見された。彼は民主党の候補者指名争いでヒラリーに敗れたバーニー・サンダース支持者の代理人として、民主党に対して集団訴訟を起こしていた人物だ。民主党の予備選では、サンダースに入っていた票がヒラリーに不正に流れていたとされる疑惑が今もある。

これらはごく一部で、数カ月のうちに、ヒラリーの周りでは数十人という人間が怪死を遂げたとされている。

いずれも、ヒラリー本人やクリントン一族にとって都合の悪い人たちだった。人の血が通っているとは思えないような話だが、こうした暗殺はハザールマフィアが昔からやってきたことで、今に始まったものではない。

しかしそうした手法はこの時代に合わなくなってきている。かつては大手メディアだけを押さえていればよかったが、インターネットという通信手段ができたことで、権力を介さずに情報を発信できるようになった。不正があればウィキリークスで暴露するものが現れ、メディアが嘘をつけばツイッターなどのＳＮＳで「通報」する市民が現れる。

いくら自分たちに都合の悪い人物を消していったところで疑いは消えないし、次から次に暴露されてしまうのだ。

セレブが応援する選挙運動の陰で ヒラリーの周辺人物が「怪死」

2016 年 11 月、大統領選直前のヒラリーの決起集会の様子。レディー・ガガとジョン・ボン・ジョヴィも参加した。スーパーセレブが応援に駆け付ける華やかな選挙運動の陰で、ヒラリーの周辺人物が相次いで「怪死」している。選挙期間中、ヒラリーをはじめとするクリントン一族にとって都合の悪い人物が次々と死亡した。

（出所）ヒラリー・クリントンの Twitter より

金銭スキャンダルまみれの慈善団体「クリントン財団」

ヒラリー関連の暴露で見逃してはならないのは、先ほども名前の出たクリントン財団だ。クリントン財団とは、ヒラリーの夫、ビル・クリントン元米大統領が主宰する慈善団体で、2001年に発足した。妻のヒラリー、長女チェルシーもその運営に加わっているファミリー財団だ。

その表向きの目的は貧困の撲滅や地球温暖化対策など、人類が抱える諸問題に取り組むというものだ。2010年の大地震で31万人以上の死者、2016年10月のハリケーン「マシュー」で1000人以上の死者を出したハイチに対する募金活動をするなど、災害地の復興支援なども行っている。これだけを聞けば、「不倫スキャンダルで評価を落としたビル・クリントンも、心を入れ替えて今は善行をしているのだな」と思うかもしれないが、漏れ伝わる財団のスキャンダルは不倫よりもはるかに薄汚れたものだ。

ヒラリーが私用のメールサーバーを使っていた問題が明らかになった際に、クリントン財団に関するとんでもない疑惑が発覚した。情報源はまたもやウィキリークスだ。それはウィ

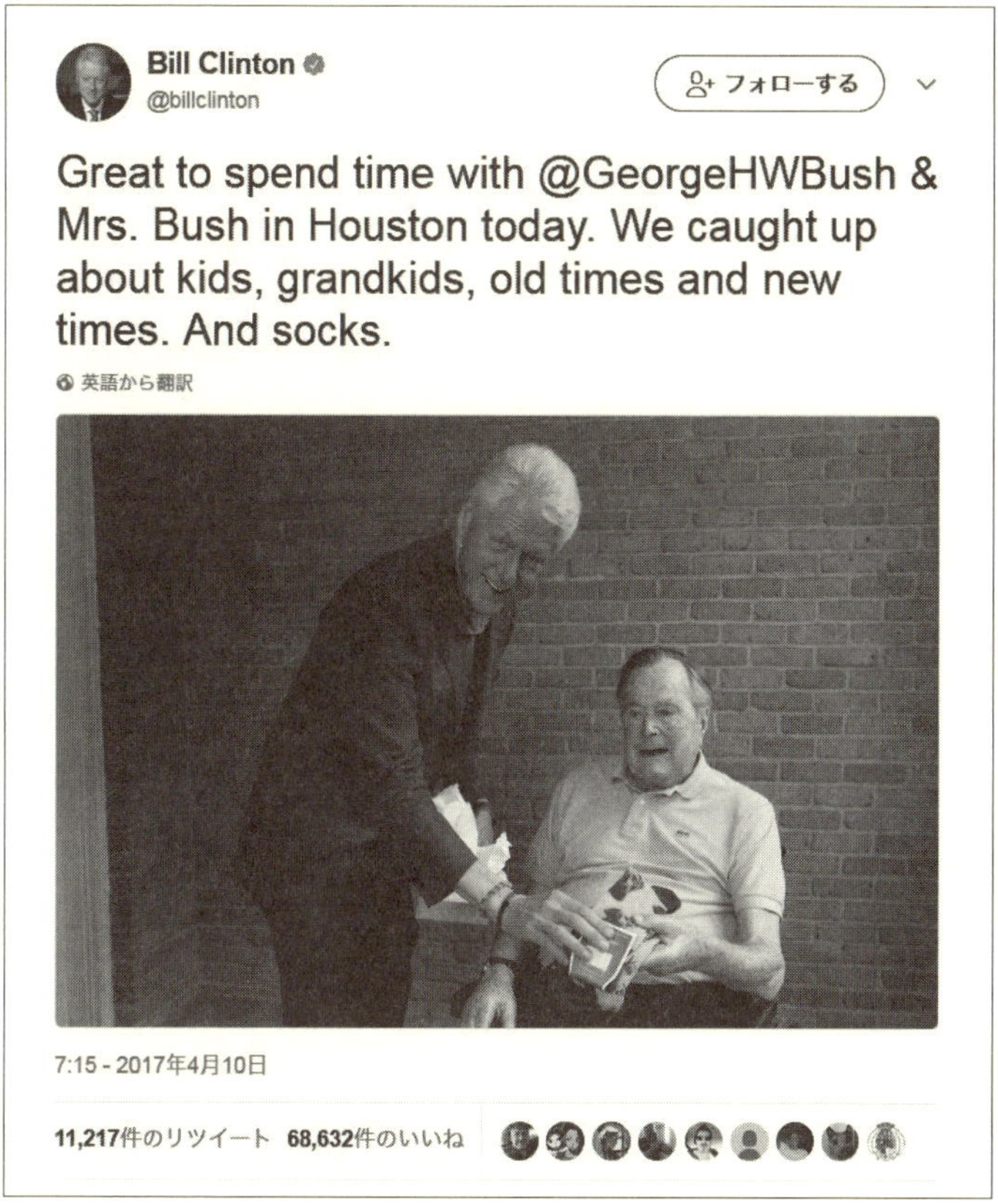

大口献金者との癒着から愛人まで
疑惑の慈善団体「クリントン財団」

パパブッシュと歓談するビル・クリントン。表向きは慈善団体となっているクリントン財団だが、海外政府や大企業によるケタ違いの大口献金など、金銭スキャンダルが絶えない。2016 年には財団の資金 200 万ドルがビルの愛人に渡っていたとする疑惑も浮上。かつての「不適切な関係」を彷彿させる騒動に全米が不信感を募らせた。

（出所）ビル・クリントンの Twitter より

キリークスが公開したヒラリーのメール内容に含まれるものだった。

　クリントン財団には世界中から毎年多額の寄付がある。中には日本円にして数千万円、数億円単位の寄付をする者もいるから驚きだ。このときあがった疑惑は、その大口献金者との癒着だ。通常、政治家の関連する団体に多額の寄付があった場合、献金者と政治家は必要以上の接点を持たないようにするものだ。政治家が献金者に対して、何か特別な便宜を図ったのではないかと疑われないためだ。日本でも安倍晋三首相の妻、昭恵夫人が森友学園の籠池泰典元理事長から、100万円を受け取った、受け取らなかったで大騒ぎをしていたが、ヒラリーの場合は100万円どころではない。「ケタ違い」という表現もあるが、金額にして5ケタも違うのだ。財団は国務長官時代のヒラリーが面会した半数以上に相当する85人から計1億5600万ドル（約175億円）の寄付を受け取っていた。そのことが明らかになり、財団への寄付を通じてヒラリーが大口献金者に何かしらの便宜を図ったとのではないかという疑惑が浮上している。

　現にヒラリーは国務長官時代に「売国奴」のそしりを免れない行為を繰り返してきた。

　例えばクリントン財団は235万ドルの寄付を受けたロシアの国営原子力企業「ロスアトム」に対し、アメリカのウラン鉱山を所有するカナダ企業の買収を承認した。ウランは広島に落とされた原爆にも使用された核原料物質で、いつ敵対するかもわからないロシアに売り渡すことなどあってはならないはずだ。そこまで破格の便宜を図ってもらった御礼なのだろうか。その後、同社から夫のビル・クリントンには、「講演料」としては考えられないほど高額な50万ドルが振り込まれている。

財団はサウジアラビアからも1000万ドルの寄付を受け取っている。このときにも不可解なことがあった。ボーイング社のF-15など、国家の最高機密ともいえる最新戦闘機がサウジアラビアに売却されたのだ。技術流出の問題が大きいことから、たとえ相手国と同盟関係にあってもなかなかないことだ。

こうした話以外にも、クリントン財団に寄付をしたことで便宜が図られたのではないかという事例は数多くある。特に目立つのが武器の輸出だ。ヒラリーの国務長官在任中、オバマ政権は20カ国に1650億ドルもの武器を輸出した。これによりオバマ政権は、歴代政権の中でも最も武器を輸出した政権となった。それに貢献したヒラリーは、稀代の武器商人と呼ぶにふさわしい。2009年にノーベル平和賞を受賞したオバマも、その実、戦争の道具を海外に拡散していたのだから皮肉な話である。

百歩譲って、寄付されたお金が慈善事業に使われたのであれば、「多少の政治利用も目をつぶってあげよう」と思う人もいるかもしれない。だがクリントン財団が慈善事業に費やす金額は、寄付金のたった2%しかないのだという。つまりそのほとんどは貧困や災害、病気などから人々を救うためではなく、クリントン一族の私腹を肥やすために使われているというわけだ。

こうしたヒラリーの一面を、アメリカ国民はよく知っていた。度重なる災害に見舞われたハイチの募金活動も、「募金詐欺」との批判が相次いでいる。トランプは問題があるかもしれないが、ドス黒いヒラリーは次元が違う。消去法的にトランプに投票した人も多かったのだ。

「地球温暖化」という デマで稼ぐ環境ビジネス

では疑惑まみれのヒラリーを担いでいたのはいったい誰なのか。

クリントン財団での横暴を見るかぎり、相当大きなバックが付いていることが容易に想像できる。何の後ろ盾もなくこんな派手なことをしていたら、「元大統領一家」のブランドがあったところで簡単に潰されてしまう。

実はヒラリーを当選させて大きな利益を得ようとしていたグループこそ、パリ協定の仕掛け人であるロスチャイルド一族だ。彼らもハザールマフィアの一派である。ロスチャイルドの規模に比べれば、クリントン財団のやっていることは小銭稼ぎのようなものだ。

彼らは二酸化炭素の増加で地球の平均気温が上がるというエセ科学をでっち上げ、世界各国に地球温暖化対策として温室効果ガスの排出規制を押し付けてきた。そしてその規制を、いつの間にか排出権という「権利」に置き換えた。

おかしいと思わないだろうか。家庭のゴミ捨ての話で例えてみよう。

金持ちの大きな家庭はゴミが多く出るはずだから、たくさん捨ててもよい。一方、貧乏で小さな家庭はゴミがたいして出ないはずだから、少ししか捨てられない。つまり、家庭（国）の規模で捨てられるゴミ（温室効果ガス）の量が勝手に規制され、その規定量が権利（排出権）として割り振れたようなものだ。もし、規定量を超えるゴミを捨てたいのなら、金持ちの大きな家庭から規定量の権利を買いなさい。逆に捨てるゴミが少なかったら余った分の規定量の権利を売ってお金にしなさい。そんなゴミ捨てのルールができてしまったのだ。

このように規制が権利になったことで、温室効果ガスの排出権を国や企業がお金で取り引きするようになった。これこそがまさに、ハザールマフィアが得意とする錬金術である。アメリカのＦＲＢが金（ゴールド）を持たずに米ドル札を刷り続けているのも、無から価値を生み出す錬金術。温室効果ガスの排出権も、もともと何の価値もないものにそれらしい理屈で価値があるように思わせているのだ。

アメリカ大統領選で中国政府は、トランプではなくヒラリーを支持する立場を取っていた。実はこれも、ロスチャイルドが率いる国際金融界が裏で仕掛けたことである。中国マネーに早くから目をつけていたロスチャイルドは、パリ協定を使って中国に近づき、温室効果ガスの排出割合を中国に最も多く与える代わりに、パリ協定への同意とヒラリーへの支援を取り付けたのだ。

中国がパリ協定に乗ってくれれば他国も追随する。ロスチャイルドの狙いは的中した。案の定、中国マネーにすがるしかないヨーロッパ勢はパリ協定を全面的に支持し、前述の通りG20のうち19カ国がパリ協定に参加した。中国よりも低い割当を受け入れられなかったアメリカだけが、トランプの公約通り、離脱した状態だ。

トランプの暴走でアメリカが孤立し始めた――。世界中のメディアが、パリ協定を離脱したアメリカを批判している。ただし、この報道もロスチャイルド勢力がそのように仕向けているだけだ。トランプが訴える「地球温暖化のデマ説」が、メディア以外の場所から徐々に広まりつつあるのだ。

発端は、二酸化炭素による温暖化説を唱えるペンシルベニア州立大学の気候学者、マイケル・マン博士が、地球温暖化懐疑論を唱えるカナダの気候学者、ティム・ボール博士を名誉毀損でカナダの裁判所に訴えたことだった。当初この裁判は、マン博士が勝訴するものと見られていた。もしマン博士が負けるようなことがあれば、世界の共通認識となってしまった地球温暖化のメカニズムを否定する大事件だ。世界中の国、企業、個人が長年取り組んできた地球温暖化対策とは何だったのかと、すべてをひっくり返すような話である。

雲行きが怪しくなってきたのは2017年7月。マン博士は裁判官から求められた「地球温暖化の証拠データ」の提出を拒否したのだ。マン博士からしてみれば、証拠データを突き付けることが相手を負かすチャンスでもあるのに、なぜそれをしなかったのか。

理由は簡単だ。彼が持っているのは捏造データで、裁判所にそれがバレてしまえば今度は自分が裁かれる立場になってしまうからだ。マン博士の研究費用は公費だから、それを使って捏造データを作っていたとなれば学会の大スキャンダルとなる。それを避けたいがために証拠データの提出を拒否しているわけだが、裁判所の命令に従わずにデータを隠した場合も、「民事的裁判所侮辱（civil contempt）」の罪にあたる。進むも地獄、退くも地獄。地球温暖化懐疑論者を潰しにかかった行為で、自ら墓穴を掘ってしまったというわけだ。

有罪判決を受けるだけならまだいいが、ハザールマフィアに命を狙われてもおかしくないくらいの失態である。

当然ロスチャイルドはこの裁判の動向を注視している。バックアップしていたヒラリーが勝っていれば、いかようにもこの話をコントロールできたかもしれないが、今は懐疑論者のトランプが国のトップにいる。ロスチャイルドらのグループは、温室効果ガス排出権の取引きや世界中の「環境税」で莫大な利益を得ようとしていたのだが、それらがすべて吹き飛んでしまうのではないかと焦りをつのらせているのだ。

「地球温暖化詐欺」捏造データのカラクリ

読者の皆さんは、マイケル・マン博士がどのような捏造データを作ったのか、気にはならないだろうか。これまで散々、テレビや新聞で「地球温暖化問題は人類の課題である」と聞かされてきたのに、それがひっくり返されてしまうのだ。現代版「天動説・地動説」と呼べるくらいに、人々の常識を覆すような話だ。

139ページのグラフを見てほしい。

この二つのグラフは、上が地球温暖化説を唱えるマイケル・マン博士が作ったもので、下がそれに異を唱えるティム・ボール博士の作ったものである。縦軸が気温で、横軸が年代。

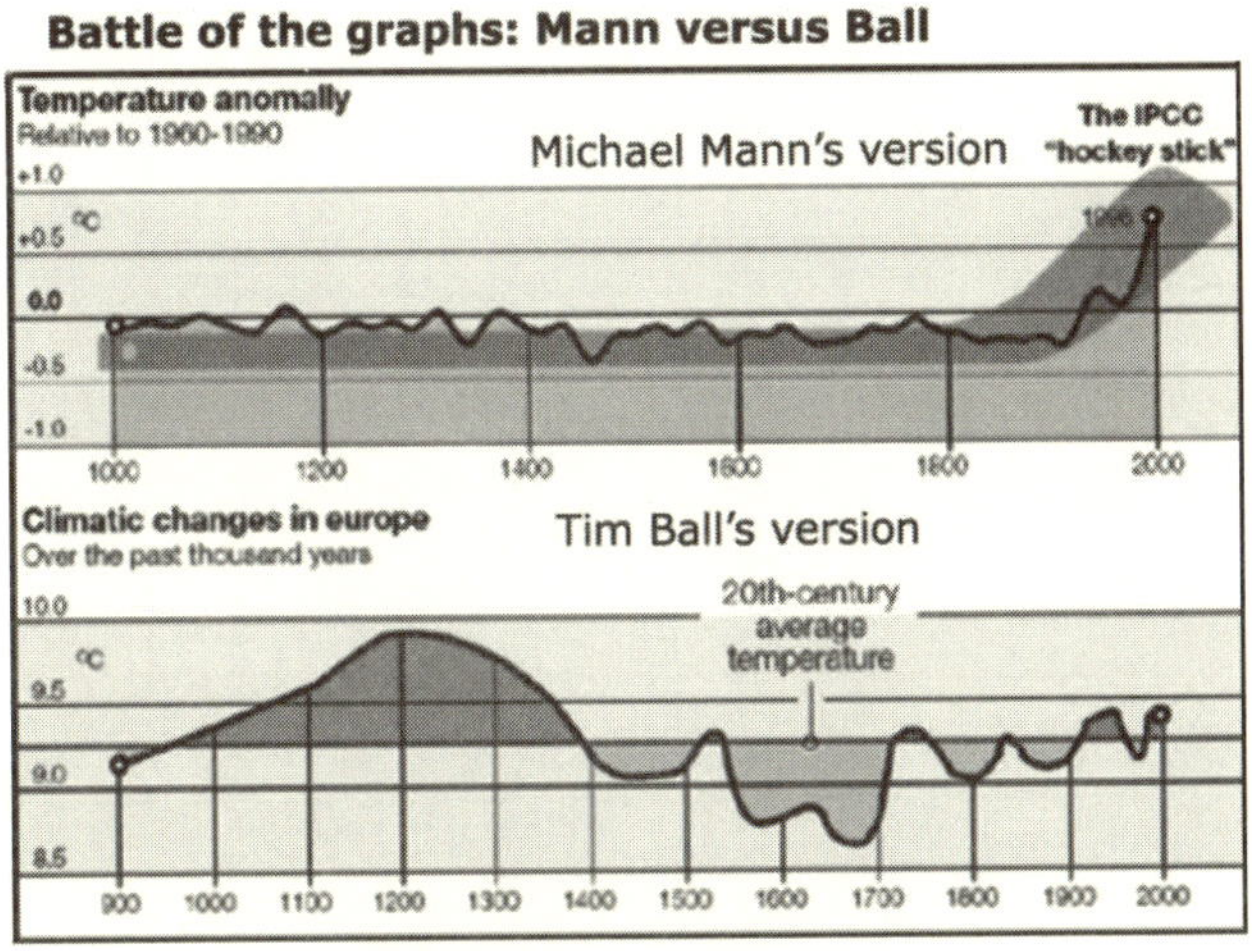

中世は現代より暑かった？
「地球温暖化」の不自然なデータ

地球温暖化を唱えるマン博士の上のグラフでは、現在より気温が高かった中世の温暖期のデータはカット、20世紀後半からの急激な気温の上昇を示している。一方、ボール博士の下のグラフは中世の温暖期を再現、現在の気温が正常な範囲内のように見える。地球温暖化詐欺が環境ビジネスに利用されている可能性が高いのだ。

（出所）Principia Scientific International より

二人の気候学者が作成したグラフは、どちらも地球の気温の変化を示したものだが、その意味は大きく異なる。

まず、マン博士が示した上のグラフからは、20世紀後半から気温が急激に上昇しているのがわかる。中世からそれまでは、波はありながらもほぼ横ばい。まるでホッケーのスティックのように先端が鋭く曲がっているので、「ホッケースティック曲線」ともいわれる。このグラフは皆さんも何かしらの機会に目をしたことがあるだろう。実際に国連のIPCC（気候変動に関する政府間パネル）でも地球温暖化を示す証拠として採用されているグラフで、「そんなお墨付きがあるのなら」と信じてしまう人がほとんどだろう。

しかし、このデータには大きな欠陥があった。マン博士のデータは、現在よりも平均気温が高かったといわれる中世の温暖期のデータがカットされており、あたかも、この数十年だけが異様に気温が高いと思われるグラフになっているのだ。

もう一つのグラフ、ティム・ボール博士が作った下のグラフは、中世期の温暖化データも再現したものだ。

二つのグラフを見比べると、マン博士のグラフからは地球に大きな異常事態が発生しているように感じられるが、ボール博士のグラフは現在の気温も正常の範囲内であるように見える。

マン博士のデータについては、「地球温暖化を示すためにデータが調整されている」という指摘も別の研究者から出ている。１０００年前の時代には、現代のような気象データを残す技術はなかった。となると、どこからデータを取るか、どういった計算で当時の気温を割り出すかが問題になるのだが、その選択一つですべての結果が変わってくる。マン博士の場合は、データの出典が曖昧だったり、「誤差の調整」として計算を無理やり変えたりしているので、信憑性に疑義が残っていた。

一つ参考になるのは、過去に今以上の温暖期があったことを示す歴史上の例だ。例えば、今はほとんどが氷床で覆われているグリーンランドには、約３００年にわたり南部や西部地方に入植地があった。日本でも京都での桜の開花時期が今よりも早かったことを示す日記が残っている。さらに時代を1万年以上さかのぼると、縄文時代は今よりも平均気温が3度から5度高く、今でいう標高5メートルあたりが当時の海岸線だったという。冬の寒さが厳しい青森県の内陸部にある三内丸山遺跡では貝のゴミ捨て場、いわゆる貝塚が見つかっており、当時は目の前に海が広がっていたとされている。現代の人が青森県で生活できるのは、暖かい家と衣服、暖房器具がそろっているからでもあるが、寒さをしのぐようなものもなさそうな縄文時代の青森にたくさんの人が住んでいたのは、「気候が今よりも温暖だったから」と考えるのが自然である。

総合的に考えれば考えるほど、「二酸化炭素による急激な地球温暖化」には無理が生じる。地球温暖化はそれによって何かしらの利益を得られる人間たちが作り出したエセ科学である——。今度はそう考える人が増えるのも自然の流れだ。これまで地球温暖化説を唱えてきた人たちには今、世界中の人たちから疑惑の目が向けられている。

地球温暖化詐欺が確定すれば、パリ協定の根拠もなくなる。G20の会議でこの協定に賛同した19カ国の指導者たちは、ロスチャイルドが仕掛けた詐欺の片棒を担いでいたことになり、国内外から批判を浴びるだろう。そうなると相対的には、「地球温暖化はデマだ」と主張し、パリ協定からも離脱したトランプの株が一気に上がることになる。米中の覇権争いにも大きな影響を与える一幕となるだろう。

第三次世界大戦を画策するナチス・アメリカ

ハザールマフィア一派のロスチャイルドの支援を受けながらトランプに敗北したヒラリーだが、その代理戦争はまだ終わっていない。アメリカの通貨発行権や大手メディアなどを押さえているハザールマフィアは、大統領選で敗れようと、地球温暖化のメッキが剥がれようと、簡単には引き下がらない。「最後の悪あがき」として第三次世界大戦の勃発を画策しているのだ。

CIAとNSAの情報筋によれば、ハザールマフィアのトップにいるロスチャイルド一族の長老エヴリン・ロスチャイルドが、オバマ政権時代のオバマとプーチン、習近平の3首脳に対し、「速やかに第三次世界大戦を始めよ」とけしかけたのだという。しかしこれはさすがに、アメリカ、ロシア、中国の各国軍部が言うことを聞かなかった。

各国の軍トップらは、もし第三次世界大戦が勃発した場合どうなるか、専門家たちにシミュレーションをさせている。米軍の分析によると、核戦争にまで発展した場合、「人類の9割が消滅し、北半球に人が住めなくなる」という悲惨な結果が出ているのだという。

ところが特権階級を牛耳るハザールマフィアは自分たち以外の人間を「奴隷」として捉えているため、人類の9割が死んだとしても、「奴隷として使えない人間の数を減らした」という認識しか持たない。むしろ奴隷と見ている一般人が、知恵をつけて自分たちの存在や計画に気付き、報復することを恐れている。だから人類が9割減ってもそれはそれで好都合でもあるのだろう。9割いなくなっても地球上にはまだ7億人の奴隷がいる。「自分たちの権力が守られるのであれば、またそこから文明を作り直せばいい」というくらいにしか考えていない。

中でも本気で第三次世界大戦計画を進めているのは、第二次世界大戦中にアメリカの中枢を乗っ取った「ナチス・アメリカ（ナチス派）」と呼ばれる一派だ。本章でもその暴虐ぶりを紹介したクリントン一族、親子で大統領を務めたブッシュ一族は、ナチス派の中核をなすファミリーである。彼らは2001年の「9・11」自作自演テロ、ISISによる世界中のテロを主導していただけでなく、ウイルス兵器を使用してエイズや重症急性呼吸器症候群（SARS）などの人類を苦しめる病気をばら撒いていた。

そのナチス派を束ねているのはパパブッシュこと、ジョージ・H・W・ブッシュである。彼は、ハザールマフィアの中でも特に強大な権力を手にしていたが、今やそれも失い、逃げ回っている状況である。すでにナチス一派の多くは殺されているという情報もある。

「ロシアゲート」で再燃する「トランプVSヒラリー」

日本に住む皆さんは、ヒラリーの存在などもう忘れてしまっているだろう。しかしアメリカ国内では、まだ「ヒラリーVSトランプ」の代理戦争が続いている。バックにいる勢力からすれば、第1ラウンドが終わったといったところだ。選挙期間中にヒラリーの周りで怪死が相次いでいたことを紹介したが、選挙から6カ月後の2017年5月にも、ヒラリーの電子メールをロシアのハッカーから入手しようとしていたピーター・W・スミスという共和党員がミネソタ州のホテルで遺体で見つかっている。警察発表では自殺だが、81歳まで生きた彼がなぜその歳になって自殺するのか。もはやその死因を信じることのほうが難しい。「ヒラリー関連死」は一体いつまで続くのだろうか。

先ほどからも説明しているように、ヒラリーのバックにはロックフェラー一族やロスチャイルド一族、ブッシュ一族やクリントン一族などのハザールマフィアが付いている。そしてトランプのバックには、そうした世襲の権力者たちを失脚させようとする実力主義派の勢力、米軍制服組やCIA、国外ではグノーシス派イルミナティやイエズス会などが付いている。どちらにも複数のバックが付いており、また、同じ勢力内でもヒラリー派とトランプ派に分かれているので、目の前の人間が敵か味方かもわからないような状況になっている。

そんな中、一般層の人たちが今どこでどのような内紛があり、どちらが優勢なのかを知ることはなかなか難しい。少なくとも日本のメディアを見ていてもそれはわからない。

こういうときには、中立的立場を取らなければならない人物を追うと、内紛の状況が理解しやすい。政治との距離を置かなければならない存在でありながら、政治に翻弄された元FBI長官、ジェームズ・コミーの例を見てみよう。

ジェームズ・コミーがFBIの長官に任命されたのは2013年9月のことだ。それまで彼は、弁護士や検事として活躍しただけでなく、軍用機やミサイルなどを開発するロッキード・マーティン社の副社長や、世界的メガバンクのHSBCの取締役を務めるなど、誰もがうらやむような華やかなキャリアを歩んでいた。

法律のスペシャリストである彼が注目されたのは、アップルと繰り広げた「iPhoneロック解除問題」だ。これは2015年12月にカリフォルニア州で発生した銃乱射事件の犯人が所持していたiPhoneのロックを解除するよう、FBIがアップルに要請したが、アップルが拒否したために裁判にまで発展した問題だ。要請がその後「命令」となったものの、アップルはそれを拒否し続けた。事件の全容解明ができなくなってしまうのか。そう思われていたが、コミーはアップルへの要請・命令と並行して、ハッカーにもロックを解くように依頼していた。やがてそのハッカーによりiPhoneのロックは解除され、裁判で争う必要もなくなったが、このときFBIは100万ドルをハッカーに支払ったともいわれる。

iPhoneロック解除問題を解決したコミーは、ヒラリーの私用メール問題でも捜査の中心にいた。国務長官時代のヒラリーが私設メールサーバーからメールを送信していたこの問題は、2015年3月に各メディアが報じ始めたころはまだ疑惑止まりだったが、2016年3月にウィキリークスが証拠となるヒラリーの3万322通のメールを公開したことで一気に決着が付いてしまった。これまでクリントン一族の横暴を見てきた国民は、「ようやくクリントンたちが捕まるのか」と逮捕の時を待ちわびていたが、同年7月にコミーはそうした期待を裏切るコメントを発表する。

「クリントンの刑事訴追を見送るよう司法省に勧告する」

誰もが「逮捕されて当然」と思っていた中での、まさかの「おとがめなし」。これによってコミーは、世間の猛反発をくらうことになった。

中立であるはずのコミーがヒラリーに有利な結論を出したのは、ヒラリー陣営から賄賂を受け取っていたからではないかという見方もある。また、当時大統領のオバマと司法省のロレッタ・リンチ長官が、裏でヒラリーの逮捕を阻止したともいわれる。いずれにせよ、コミーという男自体は、職務としての中立をうたってはいるものの外からのプレッシャーには弱い、プロ意識の低い人間だったのだ。

しかし、コミーによって命拾いしたヒラリーは、同じコミーによって再び窮地に立たされる。世論やFBI内部などからの猛烈な反発に耐えられなくなったコミーは同年10月、「新たな疑惑の捜査」としてヒラリーへの捜査を再開したのだ。結局、大統領選挙2日前となる

11月6日になって、「捜査の結果、ヒラリー氏の不正は見つからなかった」と報告したが、ヒラリーにとっては時すでに遅し。コミーが手のひら返しをしている間に、ヒラリーの評判はさらに落ちていったのだ。

大統領選後、トランプは政府高官の首を次々にすげ替えていったが、コミーについてはそのまま起用し続けた。結果的にヒラリーを窮地に追いやり、その背後にいるハザールマフィアにも打撃を与えてくれたからだ。それにこれまで、新しい大統領がFBI長官に辞任要求をした例はない。

しかし、である。

2017年5月9日、トランプはこれまでの慣例を破り、FBI長官のコミーを突如解任した。ヒラリー陣営がかねてから指摘してきた、「ロシア当局によるアメリカ大統領選への介入」をめぐる問題がここに来て再燃したからだ。

トランプとしては、「大統領選でアシストしてくれたことのへ恩義」からコミーの起用を続けてきたのだろうが、コミーは立場上、ヘンに感謝されても困る。そこでヒラリーを追い込んだ帳尻合わせというわけではないだろうが、トランプとロシアとのつながりを調べ始めたのだ。

ヒラリー陣営は、ロシアがサイバー攻撃を仕掛け、不利な情報をウィキリークスに流し続けていたと主張していたが、この話もあながち「ない話」ではない。トランプが悲願とするキリスト教同盟の成立のために、大統領就任前からロシアのプーチン大統領とのパイプづくりを進めていたという情報は確かにある。

トランプ陣営はもちろんそれを否定しているし、コミーの解任劇とも関係ないと主張している。コミーの解任はあくまで、「9・11」やISISのテロに関わったハザールマフィアをなかなか取り締まろうとしなかったからである、と。ヒラリー陣営はそれに真っ向から対立する形で、「FBIがトランプのロシア人脈を洗い出そうとして都合が悪くなったからコミーを解任したのだ」と主張している。

コミーの解任後、ハザールマフィアは息を吹き返したかのように活動を活発化させた。大手マスコミを使って「打倒トランプ」の呼び掛けを再燃させたのだ。特にトランプの長男、ドナルド・トランプ・ジュニアが、選挙期間中の2016年6月にロシア人弁護士、ナタリア・ベセルニツカヤと面会した一件は大きなニュースとして扱われている。トランプ・ジュニアは、この弁護士がヒラリーにとって不利になる情報を持っている人物を紹介するというので面会したが、実際には何の情報も得られなかったという。だがマスコミは、そもそも面会をしたという行為自体が「不適切である」とし、一連の疑惑を「ロシアゲート」と名付けて世論を扇動している。

その作戦は今のところうまくいっているようだ。ワシントン・ポストとＡＢＣテレビが共同で実施した世論調査によると、２０１７年7月時点のトランプの支持率は36％。就任して半年後の支持率としては、第二次世界大戦後の歴代大統領の中でも最低だという。ただしこれは、あくまでハザールマフィア配下のワシントン・ポストとＡＢＣテレビが出した数字だ。大統領選でも「支持率詐欺」を繰り返してきたことからその数字を鵜呑みにするのは危険だが、ハザールマフィアが息を吹き返しているというメッセージにはなっている。アメリカ国内の権力闘争は、まだまだ終わりが見えてこない。

「殺された」幼馴染の亡霊に追われるクリントン夫妻

大統領選に敗れたヒラリー・クリントンと夫のビル・クリントンは、今どこで何をしているのか。メディアからはなかなか情報が伝わってこないので、ここで彼らの近況をお伝えしておこう。

彼らは今、さまざまな疑惑による逮捕を恐れて逃げ回っている。ハザールマフィアの弱体化により、これまで彼らが隠してきた悪事が一つ、また一つと明らかになっているが、ここに来て24年前の「ある男の死」に注目が集まっている。

その男の名前はヴィンス・フォスター。ビル・クリントンの幼馴染だ。彼はアーカンソー州の弁護士試験にトップで合格するほどの優秀な男で、その後、法律事務所に勤めるようになるが、そこで同僚となったのが弁護士時代のヒラリー・クリントンであった。ヒラリーの愛人と報じられたこともある。

1993年にはビル・クリントン政権下で大統領次席法律顧問に任命されたが、同じ年の7月20日、彼はヴァージニア州のフォート・マーシー公園で遺体となって発見された。彼の手に拳銃があったことから、警察は「拳銃を口にくわえ、自ら引き金を引いた」として、事件ではなく「自殺」と断定したが、不自然な点も多かったことから、この24年間「殺されたのではないか」という噂が絶えることはなかった。

ところが、2017年3月にこの事件が再びクローズアップされることになる。フォスターの墓を掘り起こして骨を鑑定したところ、頭蓋骨には致命傷となる銃創が二つあったのだ。銃創の一つは後頭部にあった。後頭部に致命傷を負った人間が、拳銃を口にくわえて自ら引き金を引くことなど不可能だ。これはつまり、他者が介在しなければできなかった致命傷。自殺として片付けられた24年前の事件は、当局の手により再調査されることが決まった。

フォスターの死に、果たしてクリントン夫妻が関わったのかどうか。それはこれからの調査で明らかにされるだろうが、状況としてはかなり「クロ」に近い。彼らには、フォスターに消えてもらいたい明確な理由があったからだ。

フォスターは弁護士として、クリントン家が関わるさまざまなスキャンダルに対処していた。中でも特に重大な案件が、「ホワイトウォーター疑惑」である。

ホワイトウォーター疑惑とは、ビル・クリントンが大統領になる前のアーカンソー州知事時代に、知人と「ホワイトウォーター」という名の不動産開発会社を共同経営し、不正な不動産取引を行っていたとされるスキャンダルだ。フォスターは、このホワイトウォーター疑惑の全容を知る最重要人物であり、当局から証言を求められていたさなかに死亡した。彼が死亡した後、彼のオフィスからはホワイトウォーター疑惑に関する証拠資料がすべて消えていた。当局に押収されるのを恐れたのだろう。フォスターが死んだその晩に、ビル・クリントンの大統領法律顧問（フォスターの上司）が持ち去っていたのだ。

フォスターが死んだ1993年は、ビル・クリントンの大統領就任1年目でもある。結局クリントンは8年間大統領を務めたが、それはフォスターが「死んだおかげ」でもある。フォスターが証言をしていれば即座に失職していたはずだ。状況からして、フォスターの死に深く関与していたことは間違いないだろう。

口封じに拳銃で「殺された」弁護士は ビルの幼馴染でヒラリーの愛人だった

ビル・クリントン政権の次席法律顧問だったビンス・フォスター。1993年、拳銃による不審な死を遂げる。ビルとは幼馴染で、ヒラリーの弁護士時代の同僚であり、愛人との噂もあった（写真下）。クリントン夫婦が関与したとされる土地汚職疑惑（ホワイトウォーター疑惑）にからみ、自殺に見せかけて「殺された」との噂が絶えない。

「麻薬密輸容疑」でタヒチに逃げたオバマ

ハザールマフィアのおもちゃにされていた前大統領のバラク・オバマも、表舞台から消えて現在はある疑惑から逃げ回っている。

オバマは退任後の2017年2月、カリブ海のヴァージン諸島でバカンスを楽しんでいた。大統領時代の激務の疲れを癒やすには、ちょうどいい旅先だったに違いない。

ところが翌月の3月にもオバマはバカンスに出かけた。今度は南太平洋フランス領ポリネシアのタヒチだ。いくら自由の身になったとはいえ、短期間でこれだけバカンスに出かけたくなるものなのか。そう思ってしまうところだが、実は彼がタヒチに来ていた本当の理由はバカンスではなく「逃亡」であった。

実は今、オバマには麻薬密輸容疑がかけられている。

米海軍参謀サイト「Sorcha Faal」によると、2017年2月16日に、オバマが関係している「レディ・ミシェル（Lady Michelle）」という名の漁船から4・2トンのコカインが押収されたのだという。その額は推定125万ドルにのぼる。

妻の名を冠した魚船からコカイン押収
オバマ前大統領に「麻薬密輸」容疑

2017年2月、カリブ海で「レディ・ミッシェル」という名の漁船から大量のコカインが押収された。同月、オバマはバカンスを装ってカリブ海を訪れているが、実際は彼の妻と同じ名前を冠した「密輸船」に関係しての行動だった。カリブ海の島にはオバマらの麻薬密輸の拠点があるとされ、当局の捜査も始まっている。

この事件を受け、米財務省の「金融犯罪執行ネットワーク（FinCEN）」が調査を始めた。Sorcha Faal によると、オバマはその追及から逃れるためにタヒチに逃げていたのだという。地元テレビ局は、オバマがタヒチに到着した際には、家族は同行していなかったと報じている。慌ててタヒチ入りした様子がうかがえる。

オバマがタヒチに逃れたのは、フランス政府の保護があるからだ。実際にＦＢＩがフランス当局に働きかけてオバマの引き渡しを求めたが、フランス政府に拒否されたようだ。ただ、いくら時間稼ぎをしながら証拠隠滅を図っても、ハザールマフィアたちの悪事を隠し切ることは不可能だ。

麻薬取引に関わっていたのはオバマだけではない。ブッシュ一族、クリントン一族も同様だ。むしろ本丸はそっちだと言っていい。ブッシュ以降の大統領は、麻薬ビジネスで莫大な収益をあげていたのだ。このことについて、大統領時代のオバマの近くにいた幹部らが、すでに暴露を始めている。ＣＩＡ筋によると、黒人女性として初めて司法長官に抜擢されたロレッタ・リンチが、上院司法委員会の調査に協力をして、ブッシュ親子とクリントン、オバマらが大統領時代に関与してきた殺人や麻薬取引、マネーロンダリングの犯罪について告白を始めているという。これを聞きつけたオバマは今度はインドネシア政府に亡命を求めたが、同国政府から正式に断れらている。

捏造のオンパレードでマスコミへの信頼度は「6%」

アメリカのマスコミがハザールマフィアの所有物であることは、これまで述べてきた通りだが、アメリカの一般的な国民はどれほどマスコミを信用しているのか。

保守系メディア「U.S. News & World Report」の調査によると、「信用している」と答えたのはたったの6%だった。最近は日本でも若者を中心に「マスコミは信用できない」という人が増えているが、それでも高齢者にはいまだにマスコミを信じている人が多いためここまで低い数字は出てこない。アメリカで6%という数字が出たのは、老若男女問わず、マスコミへの信用が崩壊していることの表れだろう。

先ほどの「ロシアゲート」に関連したニュースでも、大手メディアは怪情報をそのまま報じている。2017年6月にニューヨーク・タイムズが報じたところによれば、NSA（国家安全保障局）に勤める「Reality Leigh Winner」という名の女が、ロシアのアメリカ大統領選介入について詳細を暴露したのだという。しかしこの話、にわかには信じがたい。

引っかかるのは、アメリカ人なら聞いてすぐに奇妙だと思うその名前だ。Reality（リアリティ）は「現実」、Winner（ウィナー）は「勝者」。それぞれ意味を持つ単語だ。残るLeighも、「ライ」という発音が同じ「Lie」に置き換えれば「嘘」になる。この名前全体を通して読むと、「嘘を現実に見せかけた勝者」という意味に解釈できる。

実はこれは、当局がハザールマフィアをはめるために仕込んだ罠だ。この女の名前が不自然なことは素人でもわかる。わざとこのような情報を流して、ハザールマフィア傘下のマスコミの信用度を落とそうとしていたのだ。

ニューヨーク・タイムズの記事が出た後、ＦＢＩ長官を解任されたジェームズ・コミーは「ニューヨーク・タイムズ紙が報じた『トランプとロシアの関係』に関する記事は、全体的にほぼ間違っている」と公聴会で証言した。アメリカ国民もニューヨーク・タイムズが本当のことを書いているとは思っていない。

シリア問題における報道でも、捏造映像のオンパレードだ。

２０１４年11月、ＹｏｕＴｕｂｅに投稿された一本の動画が世界中に拡散され、メディアもそれに便乗した。その動画とは、シリアの戦闘地域で車の下に身を隠す少女を救うため、一人の勇敢な少年が銃弾飛び交う中を駆け抜けるという映画顔負けのスリリングなワンシーンだ。しかしこの映像、見るからにおかしい。少年が不死身なのだ。少年は一度銃弾に倒れ、地面に横たわった。そうかと思えばむくっと起き上がり、再び少女の救出に向かう。この動画はほんの数日で300万回以上再生されたが、同時にこの動画が捏造だという声も大きくなった。結局この動画を製作したノルウェーの映画監督が「シリアの内戦を知ってもらうために撮影した」と認め、少年もプロの役者であることが判明した。まるでコントのような動画でも、子供を使えば信じてしまう人も多いという良い例だ。

2016年8月には一人の少年が世界の注目を浴びた。シリア人少年の、オムラン・ダクニシュ君（当時5歳）。シリア北部アレッポで、アサド政権が仕掛けたとみられる空爆が反体制地域にあったと報じられ、オムラン君はその中で、奇跡的に救出された少年として紹介されていた。

オムラン君は血とホコリにまみれ、イスに座りただ茫然自失となっていた。戦争の悲惨さを伝える「いい写真」である。反体制派を空爆したアサド政権を批判するのに格好の一枚だ。CNNやロイター通信、日本でも大手メディアがこぞってオムラン君の画像を紹介した。

しかしこのオムラン君の流血画像も、すぐに嘘であることが見抜かれてしまう。オムラン君を救出した人たちは、なぜ重傷のオムラン君を寝かせるのではなく、正面を向くように座らせているのか。瓦礫に埋まっていたのに手や足にけががないのはなぜか。左目のけがを痛そうにしていないのはなぜか。不自然なことばかりが重なり、世界中のネットユーザーらはこの画像が捏造であると判断した。さらにオムラン君の父親は、反体制派のグループや欧米のメディアがアサド政権を批判する政治目的のため、オムラン君の画像を利用したと主張している。

こうした報道が毎日のように繰り返されているのだから、アメリカでメディアを信用できないという人が多いのも頷ける。現在、アメリカではトランプ報道の97％が反トランプの内容となっている。トランプの肩を持つわけではないが、ここまで偏るのはさすがに「やり過ぎ」な感もある。それだけハザールマフィアが焦っているということでもあるのだろう。健全な報道が期待できないアメリカでは、ハザールマフィアの影響下にないネットメディアに読者、視聴者が流れ始めている。

習近平に甘くなったトランプ豹変の裏に「中国マネー」

「Did China ask us if it was OK to devalue their currency (making it hard for our companies to compete), heavily tax our products going into..」

「their country (the U.S. doesn't tax them) or to build a massive military complex in the

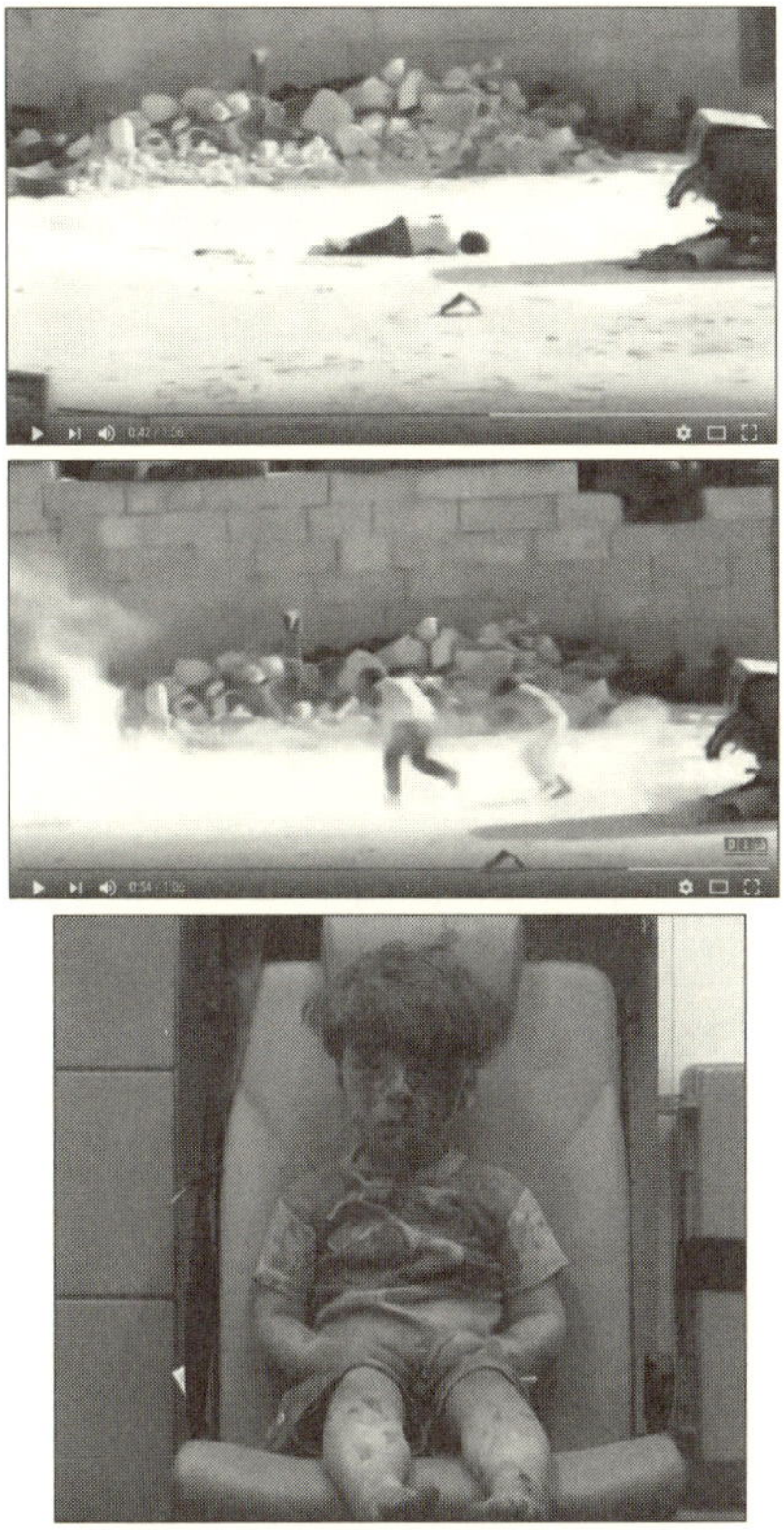

シリア問題で報じられる
「悲惨さ」を演出する捏造映像

シリア問題では数々の捏造映像が報道されている。上の二つは、一度銃弾に倒れた少年が少女を救う映像。後にプロの子役を起用したやらせと判明。下は空爆により負傷したシリア人少年の画像。戦争の悲惨さを伝える一枚として世界中で報道されたが、撮影の仕方やけがの様子などに作為的な部分が多く、疑惑の声が高まった。

（出所）YouTubeより

middle of the South China Sea? I don't think so!」

大統領選に勝利したトランプは、就任前の2016年12月4日にツイッター上にこのような書き込みを立て続けに行った。「中国は、アメリカ企業の競争力を弱める通貨の切り下げをしてもよいか、アメリカ製品に重い関税をかけることをしてもよいか、南シナ海に巨大な軍事施設を建設してもよいか、我々に尋ねただろうか。私はそうは思わない！」と、中国政府の動向を真っ向から否定したのだ。

中国製品に45％の関税を課すという公約といい、ツイッターのこのような書き込みといい、トランプが中国を目の敵にしていることは誰の目にも明らかである。トランプはマスコミのインタビューを受けた際にも、中国政府を牽制し、挑発するような発言を繰り返していた。

ところが驚くべきことが起こった。

習近平夫妻をフロリダの私邸に招いて開かれた2017年4月の米中首脳会談で、トランプはこれまでの対中姿勢が嘘だったかのように「豹変」したのだ。習近平の前では終始柔和な笑顔を浮かべ、会談後には習近平との「友情が芽生えた」とまで語った。また、自分の孫娘に中国民謡を披露させたり、漢詩をそらんじてみせるなどして習夫妻を喜ばせ、まさに一家総出で歓迎ムードを演出していた。

首脳会談が実現している時点で、表面上の友好姿勢を見せるだろうということは予想でき

巨額な「中国マネー」がもたらした
トランプと習近平の「友情」

2016年の大統領選中、トランプは「中国は経済面でアメリカをレイプしている」「為替操作国だ」などと激しく非難、中国への敵意をむき出しにしていた。しかし大統領就任後、トランプの別荘で行われた習近平との米中首脳会談では一転、「友情が芽生えた」「偉大な関係を築く」と終始、和やかムードに。トランプは元ビジネスマンだけあって「商談」次第で対応を変える。中国側が約束した巨額な投資（カネ）に態度を豹変させたのだ。

（出所）ドナルド・トランプのInstagramより

るものだが、まるで大切な友人を招くかのような歓迎ぶりに驚いた人も多いはずだ。

トランプの態度が変わった理由は単純明快、「カネ」だ。習近平はトランプに対し、アメリカのインフラ計画などに巨額の投資をすることを約束したのだ。その途端にトランプの習近平への態度は180度変わった。

トランプは就任後、「アメリカにお金を出す国」か「出さない国」かでその後の対応を明確に分けていたように見受けられる。脈絡もなく喧嘩を売ったり、急に友人ぶったりと、外交姿勢にブレが生じているのはそのためだ。

トランプはハザールマフィアの傀儡政権となっているサウジアラビア政府に対しても「手のひら返し」を見せている。

9・11の真相追究を目指すトランプはもともと、テロリストたちを支援していた疑いのあるサウジアラビア政府に対して、厳しい姿勢で臨むつもりでいた。9・11の犠牲者遺族がテロリストを支援した外国政府に対して損害賠償を請求できるようにするために可決した「テロ支援者制裁法（JASTA）」も、容疑者とされる15人が国籍を置くサウジアラビアを狙い撃ちにした法律だ。この法律はオバマ政権下の2016年9月に成立したが、事実上トランプ政権の法律と言っても過言ではない。当時の「トランプ候補支持派」らが成立させた法律だからだ。

しかし今現在、この法律が実際に適用されたという話は聞こえてこない。その代わりに伝わってきたのは、トランプとサウジアラビアの接近だった。

トランプがサウジアラビアに対する態度を軟化させた理由として、武器売却をはじめとする4000億ドルの契約を交わすことができたのが大きい。テロ支援者制裁法の成立によりサウジアラビアに対して多額の賠償金を求めることもできたが、サウジアラビアはこの法案成立に対して猛烈に抗議しているため、実際に訴訟が起きれば反発は避けられない。

トランプには、サウジアラビアとは喧嘩ができないある理由があった。サウジアラビアの原油だ。アメリカへの原油輸出が止められてしまうと、世界で最も油を使う組織であるアメリカ軍が機能しなくなってしまう。油がなければ、戦車も戦艦も戦闘機も動かない。ただの鉄の塊になって無力化してしまう。

ハザールマフィアを叩くためにはサウジアラビアを弱体化させなければならない。しかしサウジアラビアを切り離せば軍に必要な油が足りない。トランプはそんなジレンマを抱えながら、サウジアラビアと対峙していたのだ。

といっても、そのジレンマは「カネ」の力で簡単に解消される程度のものだった。先ほどの武器売買契約に加え、トランプはサウジアラビアから12億ドル分の「プレゼント」をもらったともいわれている。ビジネスの世界で名をあげたトランプの判断基準は、「金払いがいいかどうか」なのかもしれない。少なくとも就任から半年ほどはそのような動きをしている。

ところで、アメリカとサウジアラビアの間では、テロ支援者制裁法をめぐり「報道合戦」が繰り広げられたこともある。それはまさに、ハザールマフィアの弱体化を露呈する出来事だった。

オバマ政権下のアメリカ議会でこの法案の成立が現実味を帯びていたころ、ハザールマフィアは自分たちが9・11の首謀者だと発覚するのを恐れてオバマに拒否権を発動させた。しかし議会は上院下院ともにそれを覆した。オバマは大統領就任後、それまで11回拒否権を発動していたが、覆されたのはこの12回目が初めてである。それだけハザールマフィアの力が急速に弱まったということでもある。

法案が成立すると今度は、ハザールマフィアとサウジアラビアとの間で責任のなすりつけ合いが起こった。ハザールマフィアはメディアを使い、「9・11の実行犯を支援していたのはサウジアラビアである」と、サウジアラビアを名指しで批判した。梯子を外されたサウジアラビアも黙ってはいなかった。全国紙で「アメリカは『対テロ戦争』を作り出すために世界貿易センターを爆破した」との見出しでブッシュ政権下のアメリカの悪事を世界に暴露したのだ。例によって日本の大手メディアはサウジアラビアでの報道に触れていないが、ハザールマフィアの隠蔽工作にも限界が訪れている。

「少女レイプと少女殺害」で脅迫されるトランプ

トランプが豹変した理由として「カネ」以外にもう一つ、「脅迫説」が浮上している。米中首脳会談のために習近平が訪米していた最中に、トランプはシリアへの攻撃を命じた。シリアの軍施設に対して59発のミサイルを飛ばしたこの攻撃は、それまでスピーチやツイッターなどを通じて「シリアを攻撃すべきではない」と繰り返し発言してきたトランプの姿勢とは180度異なるものだ。

このシリア攻撃の背後では、間違いなくハザールマフィアが動いていた。というのも、シリア攻撃の前後、彼らの「トランプ評」が一変しているからだ。

これまでハザールマフィアは、メディアを通じてトランプを激しく批判してきた。しかしトランプがシリア攻撃を命じた途端に、アメリカ在住のロスチャイルド一族や、ハザールマフィアの子分として知られる議員たちがトランプのことを褒め始めたのだ。逆にトランプを支持していた人間は一転して「反トランプ」に回っている。

情報筋によると、トランプが急にハザールマフィアらの思惑に沿った動きをしたのは、どうやらトランプ個人の問題が原因でもあるようだ。

選挙中の2016年4月、トランプはカリフォルニア州の裁判所にて少女レイプの疑いで告訴されている。1994年、実業家のジェフリー・エプスタインが主催した乱交パーティーで、トランプは当時13歳の少女をレイプしたという疑いがかけられたのだ。

トランプはこの疑惑を否定しているが、実際問題として、エプスタインが自身の所有する島に世界中のセレブを集めて乱交パーティーを開いていたことは法廷でも明らかにされている。セレブたちはその島で未成年に性的暴行を働く代わりに、金銭やモデルなどの華やかな仕事を与えるなどしていたようだ。そしてそのセレブたちの中に、イギリス王室のアンドリュー王子や実業家時代のドナルド・トランプがいたという。

そこに誰がいたかまでは明確になっておらず、あくまで「疑惑」にとどまる話だが、主催者のエプスタイン自身は2008年に売春斡旋の罪で実刑を受けている。エプスタインがやっていたこと自体は、事実として認定されているのだ。

ペンタゴンやCIAの情報筋は、「トランプは少女へのレイプ疑惑をネタに脅しをかけられているようだ」と明かす。さらには、「トランプが、メリーという名前の13歳の少女を殺害している映像」が存在し、それも脅しのネタに使われているのだという。

いずれもトランプの政治生命がその瞬間に絶たれるような大ネタだ。これらのネタで脅迫されていたのであれば、威勢のいいトランプがそれまでの発言と逆行する政策をとっても不思議ではない。

　では、ハザールマフィアはなぜ、トランプにシリアを攻撃させたのか。その動機も気になるところだ。

　今回のシリア攻撃について、アメリカ政府は「シリアのアサド政権が一般市民に対して化学兵器を使用したからだ」と説明している。しかし、かつてアメリカのハザールマフィアが「イラクは大量破壊兵器を持っている」と嘘をついて一方的にイラク戦争を始めたように、シリアの化学兵器使用についても事実ではない可能性が高い。アメリカは、「シリアの化学兵器使用によって幼い子供たちが犠牲になった」と説明しているが、その証拠とされるビデオを調査したスウェーデンの人権医師団体は「ビデオに映し出されているどの幼児にも化学攻撃の被害者であるという兆候は見受けられず、アヘン剤の大量摂取で意識を失っている状態である」と分析している。映像から分かったことはそれだけではない。同団体によれば、映像の中で行われている医療行為は正当なものではなく、ニセの医療行為。むしろそれが原因で子供たちの命が奪われたのではないか、とまで断じている。

　ハザールマフィアが証拠を捏造してまでシリアを攻撃した目的は一つ。シリアを攻撃することで「アメリカ対ロシアの全面戦争」のきっかけを生むこと。つまり、彼らが計画している第三次世界大戦の火種を作ることだった。

しかしその謀略は失敗に終わった。ハザールマフィアの工作を無効化するために、米軍の良識派らが、それがハザールマフィアの仕業であることをロシア側に伝えていたのだ。シリア攻撃だけでなく、北朝鮮問題でいたずらに緊張を高めているのもまた、ハザールマフィアだという。

今のところ、反ハザールマフィアの勢力によって大国同士の戦争は回避されているが、もしハザールマフィアが少女へのレイプ疑惑、そして殺害疑惑をネタにトランプを脅しているとすれば、状況はかなり深刻だといえる。ただ、ハザールマフィアも「9・11」などの大量殺戮の証拠をすでに当局に押さえられている。トランプを一時的に脅迫することはできても、反ハザールマフィア勢力が持つトランプの「操縦桿」まで奪うことは難しいだろう。

ビル・ゲイツの恐るべき「人類削減計画」

しかし「いたちの最後っ屁」という言葉があるように、窮するハザールマフィアが何を仕掛けてくるかわからないので最後まで油断はできない。彼らは目的達成のために証拠捏造などのあらゆる手段を講じ、大量殺戮も平気で行う。表向きには反ハザールマフィアのグループにいると思われている人物が、水面下ではハザールマフィア側の人間ということもある。

皆さんがもし仕事や旅行でアメリカやヨーロッパに行く機会があるのなら、気を付けてもらいたいことが二つある。一つは、現金をあまり持ち歩かないことだ。アメリカでは今、警察官に正当な理由もなくお金を没収される事件が多発しており、カナダ政府も渡米する自国民に注意を喚起するほど治安は悪化している。

そしてもう一つが、現地で行われる各種軍事演習だ。これらの日とはなるべく被らないようにしたほうが無難だ。というのもこれまでハザールマフィアが起こしてきた「9・11」や、スペインのマドリード列車爆破テロ（2004年）、ロンドン地下鉄同時爆破テロ（2005年）フランスのパリ同時多発テロ（2015年）などの「似非テロ事件」の当日は、現地でテロを想定した軍事演習が行われていたのだ。

テロというと、近年の傾向から爆破テロをイメージすると思うが、もっと恐ろしいのは生物化学兵器を使ったバイオテロだ。もしバイオテロが実行されれば、爆破テロどころではない人的被害が予想される。犠牲者は数千、数万という単位には収まらないかもしれない。かつて人類を苦しめたペストのように、人口動態に大きな影響を与えるほどの死者が出てもおかしくない。破壊力は核兵器以上だ。

このバイオテロの危険性について、マイクロソフト創業者のビル・ゲイツが述べていたことがある。２０１７年1月、スイスで開かれた「ダボス会議」と、2月にドイツで開かれた「ミュンヘン安全保障会議」で、「バイオテロによる致命的なパンデミックが、今から10～15年の間に数千万人規模の死者をもたらす可能性がある」と示唆していた。

この発言は、聞く人が聞けば脅迫であるとすぐにわかる。というのもビル・ゲイツは、ハザールマフィアの人類削減計画の先頭に立つ人間と言っても過言ではないからだ。彼は過去に、過剰な人口増加が地球環境に重大な悪影響を与えるとしたうえで、「我々が新しいワクチン、医療、生殖に関する衛生サービスに真剣に取り組めば、10～15％は人口を削減できる」とまで公言している。そして自身の財団「ビル＆メリンダ・ゲイツ財団」を通じて、生物医学研究を支援するイギリスの財団「ウェルカム・トラスト」などと協力をし、新ワクチン開発を行う機関「Coalition for Epidemic Preparedness Innovations（ＣＥＰＩ・感染症予防のイノベーション連合）」を発足すると発表している。前口上はどうであれ、「人類削減」を宣言しているのだ。まるでマシンガンを持った男が「これから街で人を殺したいので、皆さん気を付けてください」と言っているようなものだろう。

ちなみにワクチンというと、病気を治す薬だと思われがちだが、感染症のワクチンは効かないことが多い。むしろワクチンに含まれる成分による副作用のほうが問題で、実際に死亡事故も多発している。抗インフルエンザ薬のタミフルやリレンザにも危険な副作用があるし、一時期「すべての女性が摂取すべき」と盛んに啓蒙されていた子宮頸がんワクチンなどはそれらよりも高い確率で危険な副作用を起こすことがわかっている。日本でも小学校6年生から高校1年生までの定期接種の対象となったが、あまりに危険な副作用があると判明して厚生労働省はわずか2カ月で摂取推奨を差し控えるように通達を出している。

人々の「ワクチン信仰」を作り出しているのは、ワクチンを売って莫大な利益を得ているハザールマフィアたちである。メディアを使って感染症の恐ろしさを人々に教え込んだところで、それを救うのはワクチンであると紹介する。時には「人道支援」と称して危険なワクチンの普及まで行っている。大きな問題が起こるまで、メディアがその副作用について触れることはほとんどない。

ビル・ゲイツをはじめとしたハザールマフィアにとって、ワクチンは金儲けの手段であり、人類削減計画を実現する道具でもある。

今後、バイオテロに対抗するワクチンの開発が盛んになるだろうが、それはハザールマフィアの自作自演によるものだということを覚えておいてもらいたい。

第4章

欧州、中東、アジアで高まる「動乱の危機」

大激動する世界の政治と経済

米中の覇権争いの陰で、ヨーロッパ、アジア、中東の各国は、アメリカに付くか中国に付くか、二大帝国の間で揺れていた。その隙に入り込んで自分たちの権勢を取り戻そうとするハザールマフィアの裏工作と、それに対抗する「反ハザールマフィア革命」の動きも活発になっている。世界地図は間もなく、大激変する。

トランプとメルケルの衝突で「米独の離婚」が決定

「The Germans are bad, very bad」(ドイツ人は悪い、とても悪いんだ)

2017年5月25日、アメリカのトランプ大統領はベルギーのブリュッセルで開かれた欧州委員会の会合で、EU(欧州連合)の高官らに対してそのように述べたという。

トランプがドイツに矛先を向けたのは、アメリカ国内で販売数を伸ばすドイツ車の存在が目障りだったからだ。国内産業の復活を公約に掲げていたトランプとしては、これ以上アメリカでドイツの好き勝手に車を売らせるわけにはいかない。そこでドイツ人を悪く言った後、「彼らがアメリカで販売している自動車を見てください、ひどいものだ」と続け、「ドイツ憎し」の姿勢を隠すことなく前面に押し出したのだった。

同じ日、トランプはＮＡＴＯ（北大西洋条約機構）首脳会議にも出席していた。そこでの演説は、ドイツ車のこと以上に、ドイツ、そしてＥＵとの関係に影を落とすものだった。

いつものトランプ節で何か問題発言をしたわけではない。あることについて「発言しなかった」ことが問題なのだ。その「あること」とは、ＮＡＴＯ条約第５条のことだ。これまでアメリカ大統領がＮＡＴＯ首脳会議で演説する際には、第５条を順守することを明言することが慣習になっていた。ところがトランプは、ＮＡＴＯ設立後初めて、アメリカ大統領でありながら第５条に触れないという驚くべき行動に出たのだ。

では、そのＮＡＴＯ第５条には何が書かれているのか。日本の外務省の翻訳を引用しよう。

「欧州又は北米における一又は二以上の締約国に対する武力攻撃を全締約国に対する攻撃とみなす。締約国は、武力攻撃が行われたときは、国連憲章の認める個別的又は集団的自衛権を行使して、北大西洋地域の安全を回復し及び維持するために必要と認める行動（兵力の使用を含む）を個別的に及び共同して直ちにとることにより、攻撃を受けた締約国を援助する」

日本でも近年よく耳にする「集団的自衛権」という言葉からもわかるように、集団防衛について書かれた条項である。つまり、ヨーロッパが他国に攻められるようなことがあれば、アメリカが助けるというものだ。ソ連の脅威があった冷戦時代に比べてその意味は薄れているものの、ヨーロッパ諸国は、ウクライナに侵攻したロシアに対しては今なお強い不信感を持っている。「アメリカはNATO第5条を守る」と明言することが旧東側諸国への牽制にもなっていたのだが、トランプはその慣例を破り、「アメリカはヨーロッパをロシアから守りませんよ」と無言で述べたことになる。

トランプがヨーロッパを守らない理由は他でもない。「お金」である。トランプはNATO加盟各国が防衛費を公平に負担していないことに不満を持っていた。特にドイツは、ヨーロッパ一の経済大国でありながら防衛費の負担割合が低い。加盟各国は国防費をGDPの2%以上にすることで2014年に合意しているが、それを守っているのは、アメリカ、ギリシャ、ポーランド、イギリス、エストニアの5カ国だけ。ドイツの2017年の国防費は約370億ユーロと前年よりも上がっているが、GDP比は1・2%だ。3%以上、一時は5%以上も国防費に費やしてきたアメリカからすれば、ドイツは安全保障にタダ乗りしているうえに、アメリカに車を売り付けて儲けている、まさに「とても悪い」国なのだ。ただし、第5条に関しては波紋の大きさに慌てたのか、トランプは後日になって「アメリカは第5条にコミットしている」と明言。その一方で「加盟各国は防衛費を増額するように」と釘も刺した。

トランプはNATOの会合で、演説だけでなく記念撮影の際にも物議を醸す行動をとった。各国首脳が所定の撮影位置に移動する際、トランプはモンテネグロのドゥシュコ・マルコビッ

NATOに噛み付くトランプ
「どけ」と加盟国の首脳を押しのける

2017年、NATO首脳会議でトランプ大統領は、共同写真撮影が行われた際、モンテネグロのマルコビッチ首相を押しのけて前進。堂々とスーツを直しながら前列のNATO事務総長の近くに収まる様子が報じられた。トランプは会議で加盟国の首脳たちを前に「分担金の負担が不十分だ」と演説、NATOへのいらだちを露わにした。

チ首相を、まるで「どけ」と言わんばかりに押しのけて前に出てきたのだ。モンテネグロは人口60万人あまりしかいない小国。そのモンテネグロのNATO入りを支援してきたのはアメリカだが、トランプの行為はヨーロッパ諸国へのいらだちを象徴する一コマであった。

そんな横暴ともとれるトランプの行動や発言に対して、EU諸国も黙っていなかった。その急先鋒に立ったのは、トランプが目の敵にしているドイツのアンゲラ・メルケル首相だ。

メルケルは会合後、「もはやアメリカとイギリスは信頼できる同盟国ではなくなった」としたうえで、「Europe must take its fate into its own hands」（ヨーロッパは自らの手で運命をつかみ取る必要がある）と公言している。トランプとメルケルは3月に行われた初の首脳会談でも互いの移民政策や貿易政策で言い合っており、まるで離婚間近の夫婦のようにバトルを繰り広げていた。両者の溝は簡単には埋まらないだろう。

「ヒトラーの娘」メルケルに仕掛けられた「似非テロ」

ここまでの話は、アメリカとドイツ（ヨーロッパ）、トランプとメルケルという二者の対立という構図なので、話はわかりやすい。しかし実際には、この裏でもハザールマフィアと反ハザールマフィアの駆け引きが繰り広げられている。

まずメルケルであるが、彼女はハザールマフィア側の人間であることがわかっている。彼女の父親が、あのナチス・ドイツ総統のアドルフ・ヒトラーである可能性が高いのだ。

もちろんメルケル本人やドイツ政府がそんなことを認めるはずがない。公には、メルケルの父親はポーランド系の牧師とされている。しかしロシア当局を含む多くの情報源は、厳密な調査の結果として「メルケルは、アドルフ・ヒトラーの娘」だと結論付けたのだ。ヒトラーがロスチャイルド一族ウィーン家の子孫であることを踏まえると、その娘であるメルケルもロスチャイルドの血を引く人間ということになる。2017年現在、世界の現役指導者としては唯一のロスチャイルド一族の人間ということになる。

トランプのバックに付く実力主義派たち、特にヨーロッパの有名な結社であるグノーシス派イルミナティは、世襲主義で権力の座に就くメルケルを何としても引きずり降ろそうと画策している。歴史を通じて世襲主義に反対してきた彼らは、アメリカ独立革命、フランス革命、ロシア革命を引き起こしてきたとされる勢力で、メルケルに対してもさまざまな工作を仕掛けている。

その最たるものが「似非テロ事件」だ。例えば2016年12月19日にドイツの首都ベルリンで発生した、トラック突入テロ。クリスマスの買い物客など12人が死亡し、48人が負傷するというこの大惨事を引き起こした犯人は「イスラム過激派」とされていたが、背後ではグノーシス派や欧米当局が関わっていた可能性が高い。彼らの関わる似非テロ事件にはいくつかの共通点があり、この事件もそれにぴったりと当てはまっているのだ。

その共通点とはまず、事件を引き起こした犯人が必ず死ぬということだ。犯人が死ねば、その後は大した調査もされず、事実を検証する裁判も避けられる。本当の首謀者にたどりつくことも難しくなるというわけだ。そしてもう一つは、その「テロリスト」たちは、現場に必ず物証を残すということだ。ご丁寧に身分証など、身元が一発でわかるようなものを置いていく者までいる。これは「イスラム過激派の犯行である」と断定させるためにわざと残すものだ。ここから先は、マスコミが勝手に反イスラム過激派キャンペーン報道を展開してくれる。

トラック突入テロの実行犯も、トラックの運転席に身分証を置いたまま逃走していた。実行犯の男は、「難民申請していたチュニジア人」だった。そして事件から4日後、イタリア・ミラノで職務質問をした警官に向けて発砲した後、応戦した警官に射殺されている。似非テロの共通点と見事に一致している。

ただし首謀者であるグノーシス派イルミナティの目的は「反イスラム感情の拡大」ではな

VORSICHT! Person könnte gewalttätig und bewaffnet sein!

Name:	AMRI
Vorname:	Anis
Alter:	24 Jahre
Geburtsland:	Tunesien
Größe:	178 cm
Gewicht:	ca. 75 kg
Augen:	braun
Haare:	schwarz

「現場に残された身分証」と「犯人死亡」ベルリンで起きた「似非テロ事件」

2016年のベルリンテロで警察当局が公開した指名手配写真。犯行に使用されたトラックには身分証が残されていた。捜査のかく乱を狙った意図的な仕業とする声もあったが、犯人は逃亡先で射殺。「似非テロ」のパターン通り「現場に残された物証」「死人に口なし」で、事件は「イスラム過激派の凶行」として幕引きとなった。

く、イスラム系移民の大量受け入れ政策を実施し、ドイツ国内でのテロを許したメルケルを糾弾することにある。確かにその効果はあったようだ。事件後の2017年2月に行われた独ビルド紙による政党支持率の調査では、メルケルが率いる保守系与党連合、キリスト教民主・社会同盟（CDU・CSU）の支持率は30％にとどまった一方で、ライバル政党の社会民主党（SPD）の支持率は31％となった。CDU・CSUの支持率がライバル政党を下回ったのは、2010年以降、初めてのことである。

2017年9月の総選挙でメルケルは4期目を目指すが、グノーシス派の幹部筋は「政権への攻撃をさらに強める」と明かしている。

「ドイツの傀儡」マクロン大統領の「トランプ素通り事件」

2017年5月に開かれた首脳会合ではトランプとメルケルの不仲が決定的になった以外にもう一つ、ヨーロッパの縮図が垣間見える印象的なシーンがあった。

フランスの大統領に就任したばかりのエマニュエル・マクロンが、トランプを素通りしてメルケルのもとに挨拶をしに行ったことだ。

マクロンがトランプ（アメリカ）を軽視し、メルケル（ドイツ）に擦り寄ったのには理由がある。実はこのエマニュエル・マクロンという男も、欧州貴族のロスチャイルドの息がかかった人間なのだ。

39歳という異例の若さでフランス大統領に就任したマクロンは、それまでのキャリアでもスピード出世を遂げていた。２００８年にロスチャイルド一族フランス分家の中核銀行「ロチルド ＆ Ｃｉｅ」に入行し、２年後の２０１０年に30代前半の若さで同行の副社長格に。そして２０１２年からは大統領府副事務総長としてフランソワ・オランド大統領に側近として仕え、２０１４年には第２次マニュエル・ヴァルス内閣の経済・産業・デジタル大臣に抜擢されている。

ただし、決して知名度が高いわけではなかった。国際的にはまったくの無名といってもいい。注目された２０１７年の大統領選で、ＥＵ離脱や自国通貨の復活を公約に掲げるマリーヌ・ルペンとの決選投票で勝利したのは、ロスチャイルドの後ろ盾なくしては考えられなかっただろう。

例によってマスコミはマクロン勝利を予測していたが、アメリカの情報機関はルペンの圧勝を予測していた。それが覆されたのは、「世論調査の結果や選挙システムで不正があったからだ」と、NSA（国家安全保障局）やペンタゴンの情報筋は話している。

いずれにせよ、ロスチャイルドに担ぎ出されたマクロンが勝利したことにより、ヨーロッパ体制の実質的指導者はドイツのアンゲラ・メルケル首相になったといえる。よく、「フランスはドイツと共にEUを支える二大巨頭」などと並べて評されることがあるが、実態はそうではない。ドイツのほうが圧倒的に強い立場にあり、フランスはドイツの助けがなければ立ち行かないほど財政が逼迫している。2016年のフランスの経常収支は、2・3％の赤字で、欧州委員会の予測では今後赤字幅が拡大すると見ている。また、債務比率もGDP比100％近くに達しており、イギリスが正式にEUを脱退すればフランスがEU一の借金大国となる。

ドイツは、そんな財政事情のフランスの最大の債権国である。つまりマクロンは、「メルケルとロスチャイルドの傀儡」として、フランスの大統領に就任したというわけだ。「フランス大統領選の前に、ドイツ兵がフランス国内に入ってマクロン大統領の誕生を命じた」といった情報も、アメリカ海軍筋から寄せられてきている。

マクロンの「トランプ素通り事件」は、単なるマクロンの勘違いや、個人的感情によるものではない。「ヨーロッパの支配権は我々にある」といったロスチャイルドのメッセージも隠されていたのである。

フランスの新大統領マクロンが「EUの女帝」メルケルに擦り寄る理由

2017年のG20でメルケル首相と歓談するマクロン新大統領。メルケルはInstagramでマクロンとの楽しげな写真を度々アップしている。常にメルケルに愛想笑いを浮かべるマクロンの姿から、ドイツに擦り寄るフランスの現実がうかがえる。ちなみにメルケルのアップしたトランプとの写真は、立ち話を撮った後ろ姿一枚のみ。

（出所）アンゲラ・メルケルのInstagramより

イギリス離脱と独立運動で解体されるEU

191ページの地図をご覧いただきたい。これは現在、ヨーロッパで分離独立運動が起きている地域を表したものである。

日本ではあまり報じられないが、ヨーロッパでは今、これだけの地域で独立運動が起こっている。地図からもわかるように、実にヨーロッパ全土の半分ほどの面積を占めている。

第二次世界大戦後、ヨーロッパ各国は統一の方向に進み、さまざまな経済共同体の設立を経て、1993年にEU（欧州連合）が発足した。これまで域内での移動の自由やユーロ導入による通貨統合などが試みられてきたが、分離独立運動はそうした流れとは明らかに逆行した動きだ。

ヨーロッパがもともと多民族、多宗教、多言語、多文化の地域であることも大きな要因であるが、ここに来てその機運が高まっているのは、格差の広がる経済状況が原因に他ならない。2008年のリーマン・ショック以降、EU域内の経済は著しく悪化し、失業率が20％を超える国もある。もうEUには頼れない。EUの政策に不信感を抱き、独立国家を設立するしか道はないと考えている人は少なくないのだ。

これだけヨーロッパ人に不評なEUは、もともとハザールマフィアの収奪システムの一つでもあった。これまでEUの既得権益はハザールマフィアが握っていたが、EUが解体されればハザールマフィアはいよいよヨーロッパでも窮地に追い込まれることになる。だからこそ、彼らは何としてもこのような分離独立運動の動きを阻止しようと考えている。

しかし、これからは国単位でのEU離脱も続出するだろう。

その先陣を切ったのがイギリスだ。イギリスでは2016年6月23日にEU離脱の是非を問う国民投票が行われ、離脱派が勝利した。このとき、国民投票の結果は「離脱」が51・9%、「残留」が48・1%という大接戦だったが、実際には離脱派が72%の票を獲得していたともいわれている。イギリスの離脱を何としても阻止したかったハザールマフィア側は不正を試みて残留側の勝利に導こうとしていたが、世論調査でも離脱への投票率が80%を超えていたため、さすがに勝敗をひっくり返すことまではできなかったようだ。「接戦」というところに持ち込んで、マスコミによる世論誘導で再び残留に流れを向けようとしているが、それもうまくいっていない。むしろEU離脱の動きは、イギリス以外の加盟国にも飛び火している。

オーストリアでは2016年に大統領選が2度行われた。1度目は5月。このときは難民受け入れに反対しEU離脱を訴える自由党代表のノルベルト・ホーファーが、ライバルの緑の党元党首、アレクサンダー・ファン・デア・ベレンに対して僅差で敗れていた。しかしこの選挙では開票作業に不正があったとの疑いで、同国の憲法裁判所が投票のやり直しを命じた。

そして12月に行われた2度目の選挙。またもやファン・デア・ベレンが勝利し、ホーファーは敗北を喫した。これによりファン・デア・ベレンの勝利が確定したが、不正の疑いまでは消えていない。

2017年3月には、オランダで総選挙が行われた。オランダでも反EU、反イスラムを掲げる極右政党のオランダ自由党が躍進し、総選挙で議席を倍増させて第一党になるものとみられていた。ヘルト・ウィルダース党首も選挙直前まで最大の支持を集めていたが、総選挙では票が思ったほど伸びず第一党にはなれなかった。

そして2017年の4月と5月に行われたフランスの大統領選では、先述の通りエマニュエル・マクロンが勝利している。反EU、反移民の国民戦線党首のマリーヌ・ルペンが敗北したため、フランスもとりあえずはEUの枠組みに収まったと見ていい。

こうして見ると、離脱派はすべて敗北し、イギリスに続く離脱国は当面出ないのではないか、とも思える。しかしいずれの国の選挙でも、反EUを掲げる政党は接戦を演じ、確実に票を伸ばしている。ロスチャイルドが不正選挙を支援していることを考慮すれば、実数とし

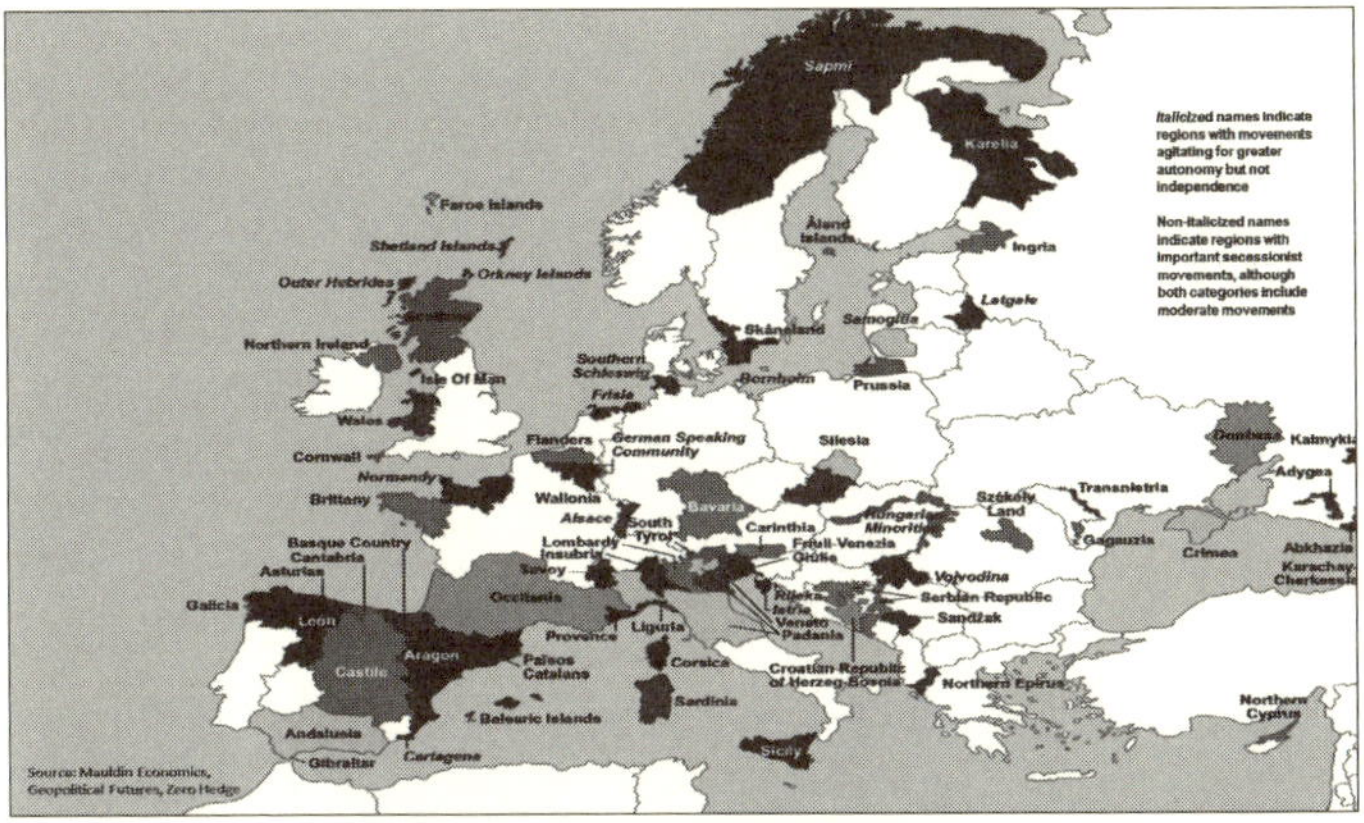

経済格差への不満が高める 独立運動の機運とEU解体の危機

地図は現在、ヨーロッパで独立運動が起きている地域。2014年の独立を問うイギリス・スコットランドの住民投票をはじめ、不安定な情勢が続く北アイルランド、スペイン・カタリューニャ地方など多くの地域で独立運動が盛り上がっている。民族、宗教、歴史などの違いに加え、EU内での経済格差への不満も独立への機運を高めている。

てはやはりＥＵから離脱したいと考える人が過半数である可能性は高く、反旗をひるがえすようなことがいつ起こってもおかしくないだろう。

注目は２０１７年９月に総選挙を控えるドイツだ。現職のメルケル首相は４期目を目指しているが、さすがに国民は彼女の政策に辟易している。特に「イスラム系移民の大量受け入れ政策」に対しては不満が大きく、今回は厳しい選挙戦になりそうだ。

水面下では、世襲主義のロスチャイルドが選挙の妨害工作を間違いなく行うだろう。ドイツの選挙だけは絶対に落としたくないのだ。ただ、たとえ不正選挙で勝つことができても、ＥＵの崩壊はすでに始まっており、その流れを止めることまではできない。ハザールマフィアたちが抵抗したところで、ＥＵの終焉が少し延期されるだけである。

イタリアの大手銀行倒産で高まる「欧州金融危機」

ヨーロッパで注視すべきは選挙戦ばかりではない。経済危機に瀕するイタリアについては、専門家たちからも「２０１７年のうちに破綻するのではないか」という声が漏れ始めている。

独立系経済調査会社「GaveKal」の会長、チャールズ・ゲイブによれば、「私の45年のキャリアにおいて、こんなに前もって予測できる、必然的な国家倒産は見たことがない」という。

イタリアの倒産は、イタリアへの憧れが強い日本人にはなかなか想像し難いことかもしれない。洗練されたファッションブランド、美しい街並み、イタリア料理。機会があればイタリアを訪れてみたいと思う人は多いだろう。テレビでもイタリア紀行の番組は数多く放送されている。

しかしそういった華やかな姿はイタリアの一面を映したものにすぎない。イタリア経済は今、かなり深刻な状況に陥っているのだ。

最も懸念されているのは、イタリア第3位の銀行、モンテ・デイ・パスキ・ディ・シエナ（モンテ・パスキ）の経営危機だ。創業１４７２年、現存する世界最古の銀行としても知られるモンテ・パスキだが、２０１６年の欧州銀行監督機構（ＥＢＡ）のストレステスト（健全性審査）で、ヨーロッパの主要51銀行の中で唯一、不合格となっていた。その後、資金調達のために立てた再建計画も、投資家らから「非現実的だ」との評価が下され、結局資金は集まらなかった。

欧州中央銀行（ＥＣＢ）は２０１６年12月、モンテ・パスキの再建には88億ユーロ（約1・2兆円）が必要との考えを示した。２０１７年7月には公的資金54億ユーロの注入が発表され、債権者が残りの34億ユーロを負担するものと見られるが、イタリア政府がこれだけ巨額の資金を使ってモンテ・パスキを救済するのには理由がある。

もし、モンテ・パスキが実際に倒産することになれば、次に考えられるのは金融機関の連鎖倒産だ。大手銀行の破綻は日本に先例がある。1997年、道内大手の北海道拓殖銀行が破綻すると、その1週間後には拓銀の主幹事を務めていた山一證券が自主廃業。さらに翌年には、不良債権を抱えていた日本長期信用銀行、日本債券信用銀行が破綻した。モンテ・パスキの経営不安により、すでにイタリア国内の銀行は軒並み株価が下落しており、今や「イタリアに安全な銀行は一つもない」といわれるほどだ。モンテ・パスキの危機はつまり、イタリアの危機に直結している。

ヨーロッパ第4位、世界第8位の経済規模を誇るイタリアの危機は、欧州危機と同義である。EUが一つの経済共同体として存在する以上、イタリア危機の煽りを受けない国はないだろう。

真っ先に影響を受けるのは、大統領が変わったばかりのフランスだ。フランスの銀行は、イタリア以外では最も多くイタリア国債を保有している。イタリアの銀行が連鎖倒産すればイタリア国債も暴落し、フランスでも銀行の連鎖倒産が起こる可能性がある。

EUでは2016年から、預金者に損失を負担させることで銀行を救済する「ベイルイン」

という制度が導入されていることから、一連の破綻危機は一般市民による大暴動を引き起こす可能性もある。この制度は、言い方を変えれば「預金封鎖」と同じだ。一般市民は、破綻前にいざお金をおろそうとしても、ベイルインにより預金口座が封鎖されてしまえば、預けたお金をおろすことはできない。銀行がそのお金を自分のものとし、経営再建のために使うことになるのだ。イタリアの場合はむしろ、そうなる前にイギリスのようにEUを離脱するという可能性もある。というのもイタリア経済が不振に陥ったのは、統一通貨のユーロに原因があると考えられるからだ。

ユーロ導入前のイタリアの通貨は「リラ」であった。旧通貨リラは、ドイツのマルクに対して弱いトレンドが長らく続いていた。その通貨安を背景にイタリアはドイツへの輸出を伸ばし、1978年から1998年の間は工業生産の伸び率もドイツを10％以上も上回っていた。しかしイタリアがユーロを導入した途端に、「ドイツマルク高イタリアリラ安」の為替メリットがなくなり、イタリアの工業生産は急激に失速した。ユーロを導入した2002年の翌年には、工業生産の伸び率がドイツを40％以上も下回ってしまったのだ。これを境にイタリアは経済が冷え込み、企業の株価も急落してしまった。

イタリアのプロサッカーリーグ「セリエA」の現状も、イタリア経済の凋落を象徴するわかりやすい例だ。イタリアがまだ豊かだった1990年代、セリエAには世界のスーパースターが集まっていたが、今やセリエAは世界最高峰のリーグではない。経営難に陥ったクラブでは選手補強が思うように進まないばかりか、外国資本への身売り話まで持ち上がるようになり、実際にインテル、ミランといった伝統あるクラブも中国資本に買収されてしまった。

他のEU諸国同様、イタリアでもEU離脱の機運が高まっているが、イタリアの場合は特に金融面での離脱を図りたいと考えている人が多いようだ。あるラジオ番組では、出演したイタリア中央銀行の副総裁に対して「なぜリラに戻らないんだ」というリスナーの質問が殺到したという。リラに戻って、再び為替安で国際競争力を高めるべきだという主張は日増しに高まっている。それが実現しないかぎり、ドイツとイタリアの差は広がり続け、EUは「ドイツ一強」がますます加速する。もしEU、ユーロからの離脱がイタリアで実現すれば、フランスやギリシャの国民も同じような選択を望み、行動を起こすことになるだろう。

英総選挙で躍進した「反ハザールマフィア」のカリスマ

反EUの震源地、イギリスでは2017年に入っても反ハザールマフィア革命の動きが活発化している。その旗手となっているのが、最大野党の労働党を率いるジェレミー・コービンだ。

イギリスでは2017年6月8日に下院議会の総選挙が行われた。当初、大方の予想ではテリーザ・メイ首相率いる保守党が圧勝するものと思われていた。イギリスの世論調査会社「YouGov」とタイムズ紙の合同世論調査では、4月18日時点で与党・保守党が48％の支持率、野党・労働党の支持率24％と、倍の開きがあった。しかし直前の5月30日には、保守党の42％に対し、労働党は39％にまで接近している。この1カ月余りの間には、高齢者の在宅介護見直しに言及した保守党のマニフェストの発表や、人気歌手のアリアナ・グランデのコンサート会場での爆発事件などがあり、それらが保守党、メイ首相の支持率低下を招く一因になったといわれている。

そして選挙の結果は、定数650に対し与党・保守党が318議席と第一党を守ったものの過半数割れとなる事態に。一方、労働党は262議席と、改選前の229から大きく議席数を伸ばした。

そもそも今回の選挙は、前年の国民投票でEU離脱派が勝利したことにより首相の座を退くことになったデイヴィッド・キャメロンからバトンを渡されたメイ自身が、3年も前倒しして実施したものである。彼女は前倒しの理由を「EU離脱交渉を有利に進めるため」としているが、国民の信任を得ずに首相の席に座っている彼女は、この選挙結果からも多くの国民から明確に否定されたとわかる。単独政権を維持できなくなった保守党内からも、彼女の責任を問う声が強まっている。

首相のメイが求心力を失う一方で、労働党のコービン党首の人気は急速に拡大している。選挙後に行われた「YouGov」の調査によると、メイ首相とコービン党首のどちらが首相にふさわしいかという質問に対し、メイ首相、コービン党首ともに39％で並ぶという結果になった。4月時点で30ポイント以上差が開いていたことから、わずかの間にイギリス国民の見方が急変していることがわかる。キューバ革命の英雄、チェ・ゲバラに見立てたコービンのイラストを描いたTシャツを着る支持者が現れたり、人気ロックバンド・レディオヘッドのライブ公演でコービンを称える合唱が巻き起こったりと、その人気ぶりは過熱する一方だ。

ただ、マスコミはコービンに対して攻撃的だ。これはトランプへのバッシングと同じように、ハザールマフィアが仕掛けているものと見て間違いないだろう。イギリスのインデペンデント紙の調査によると、コービンに関する英大手メディアの報道のうち、75％が批判的なものだったのだ。

コービンがメディアから攻撃を受けているのは、「9・11」テロに絡む彼の発言が原因となっているからでもある。コービンは9・11を「仕組まれたテロ」と断じ、当時のアメリカ大統

「反ハザールマフィア」を掲げて
英総選挙で躍進したコービン労働党党首

2017年の総選挙投票日前日、集会で支持を訴える労働党のコービン党首。強硬左派のコービンは、かねてよりEUに懐疑的であり、さらにイラク侵略に加担したブッシュ元米大統領とブレア元英首相を「戦争犯罪人」と断罪。「9.11」を「仕組まれたテロ」とするなど、裏で陰謀をめぐらすハザールマフィアに真っ向から対決している。

（出所）ジェレミー・コービンのTwitterより

領ジョージ・W・ブッシュと、イラク侵略に加担したイギリス元首相のトニー・ブレアを厳しく批判している。さらには、こうも述べている。
「The aim of the war machine of the United States is to maintain a world order dominated by the banks and multinational companies of Europe and North America」（アメリカという戦争マシーンの目的は、欧州や北米の銀行や多国籍企業が支配する世界秩序を維持することだ）
こうした世襲主義派への批判を繰り返しているためメディアからバッシングを受けているが、それでも支持を伸ばしているのは、格差社会に憤りを感じているイギリス国民がハザールマフィアの工作に気付き始めていることを意味する。トランプがヒラリーに勝利したように、コービンがイギリス、ＥＵの旧体制の支配を崩す可能性は十分にある。

「ソ連崩壊」のプロセスを再現する「ＥＵ崩壊」

ＥＵ離脱を国民投票で勝ち取ったイギリスに続けとばかりに、ヨーロッパでは各国で反Ｅ

U運動の動きが強まっている。フランス、イタリア、オーストリア、オランダなど、各国の選挙戦では革命派が僅差で敗北を喫しているものの、確実に勢力を伸ばしており、EUの崩壊は時間の問題と思われる。

各国で市民が起こしているデモも過激化し、フランスなどでは暴徒化した市民が店舗の窓を割ったり、車に火をつけたりするなどしている。ヨーロッパの世襲主義派たちは今、かつて市民革命によって時の権力者たちが処刑されたようなことが自分たちの身に起きるのではないかとビクビクしている。

どういった形で彼らが権力の座から引きずり降ろされるかはそのときにならなければわからないが、EUという巨大な経済共同体の終焉はある程度予測できる。

参考になるのはソビエト連邦の崩壊だ。

ソ連の崩壊は、政治の中心地、モスクワから始まったわけではなかった。1989年に民主化を実現したポーランドから始まっている。ポーランドで共産主義政権が打倒されると、民主化革命は周辺国に次々に飛び火していった。これがいわゆる東欧革命である。ソ連自体も財政が破綻し、すでに死に体の状況ではあったが、共産主義政権の打倒の流れが生まれたのはあくまでも周辺国からであった。

EUの崩壊も、本部のあるベルギーのブリュッセルや、最も力を持つドイツから始まるのではない。EUに加盟しながらもユーロを導入しなかったイギリスのように、EUの中心から離れた場所から崩れ始めるだろう。ソ連の例に当てはめれば、イギリスのEU離脱は間違いなくEU解体へとつながっていくはずだ。

EU加盟国ではドイツに次ぐ経済規模を誇るイギリスは、EUへの拠出額も多い。もともとそのことも、イギリス国民にとって大きな不満だった。2016年の純拠出額は124億ユーロ（1・6兆円）にのぼっている。当然それは、イギリスがEUから受け取っている額よりも大きい。

現在、EUとイギリスの間では離脱交渉が進められている。EUはイギリスに対して「未払金」を払うようにと迫っているが、その額は600億ユーロ（7・8兆円）にのぼると見られている。報道によってはその倍近い金額ともいわれる。「抜けるのは勝手だけど金は置いていけ」というEUと、そんな理不尽な要求はのめないというイギリスの間には、大きな溝があり交渉は難航しそうだ。

いずれにせよ、この「手切れ金交渉」からもEU財政の厳しさがうかがえる。イギリスが正式に離脱すれば、拠出金の入らなくなるEUの財政収入も大幅な減額となる。それは、残留する加盟国の負担が増大することを意味する。そうなれば、2017年の選挙では残留派が勝利した国でも、再びEU離脱の是非を問う声が大きくなるのは必至だ。不正選挙、捏造

財政難や負担増で離脱が加速！
イギリスの離脱から始まるEU崩壊

加盟国内でドイツに次ぐ経済規模を持つイギリスの離脱にともない、EU財政が逼迫することは間違いない。EU側はイギリスに600億ユーロ、一部報道によれば1000億ユーロの離脱請求書（ブレグジット・ビル）を突き付けているという。財政収入の激減、拠出金の負担増、経済格差などにより、イギリスに続く離脱が加速する可能性は高い。

報道で何とか２０１７年の欧州各国の選挙を乗り切っているハザールマフィアに、安寧の日が訪れることはないだろう。

トランプ初外遊「一神教ツアー」の真の狙い

トランプの「世界デビュー」となった、２０１７年5月19日からの初外遊には、先述のＮＡＴＯ演説や欧州委員会の会合なども含まれていたが、この外遊の一番大きな目的は、「一神教巡り」である。キリスト教、イスラム教、ユダヤ教のそれぞれの重要拠点をまわり、それぞれの宗教のトップに君臨する人物たちと顔合わせをしたのだ。

改めてその日程を振り返ろう。

5月19日にアメリカを出発したトランプはまず、20、21日にサウジアラビアを訪問し、国王との会談や、イスラム教スンニ派諸国を中心とした55カ国が参加した「リヤド・サミット」に臨んだ。そして22、23日には、イスラエルとパレスチナを訪問し、イスラエルのネタニヤフ首相、パレスチナ自治政府のアッバス議長とそれぞれ会談を行い、ユダヤ人地区にある「嘆きの壁」も訪問している。24日にはヴァチカンを訪問し、ローマ法王と会談。25日にはベルギーのブリュッセルで開かれたNATOの首脳会談に臨んだ。そして26、27日にイタリアのシチリア島で開かれたG7サミットに出席し、27日夜にホワイトハウスに戻ってすべての外遊日程を終えた。

大きなサミットにも出席した外遊だったが、全行程の半分は宗教が絡んでおり、これがまさに「一神教ツアー」であったことがわかる。

トランプが初の外遊で一神教ツアーを敢行したのは、アメリカの倒産劇と無関係ではない。トランプはこれからアメリカを倒産させ、新しい通貨によって再出発させようとしているが、それにより不利益を被るグループから反発を招くことは必至だ。これまでアメリカの「石油ドル体制」を支配してきた勢力――ヴァチカンの上部組織であるP2フリーメーソン、イスラエルを支配しているシオニストの長老たち、石油とイスラムの聖地を管理しているサウジアラビア王族とは新しい支配体制に向けて何らかの話し合いの場を持つ必要がある。

欧米勢力はアジア勢力の台頭によりかつての力を失っているが、今のうちに力を結集すればアジア勢に対抗することができる。軍事や科学の分野においては、総合力で欧米が圧倒的に優位だ。アジアの勢いを完全に止めることはできなくても、現状の力を示して対等の立場でこれからの世界支配体制について交渉することは可能だ。

トランプの一神教ツアーは、その1カ月前までは公にされていなかった。ヴァチカンもアメリカ政府も、互いに「会談の予定はない」としていたのだ。つまり水面下では、それだけ大きな権力構造の変化が起こっており、会談をすみやかに行う必要が生じたのだろう。

メラニア夫人がサウジで頭を隠さなかった理由

トランプの一神教ツアーでは、トランプ夫人のメラニア・トランプが、サウジアラビアの訪問時に髪の毛をスカーフで覆わずに公式行事に参加したことも大きな話題を呼んでいた。イスラム圏では一般的に、女性は夫以外の男性の前では髪を覆うことになっている。メラニアに批判が殺到してもおかしくないところだが、現地報道が異様なくらいにメラニアのファッションを褒めたことで、批判派の声はそれほど大きくならなかった。

それよりも人々が注目したのは、トランプが2015年にツイッターで発信したコメントだ。当時、大統領夫人としてサウジアラビア入りしたミシェル・オバマが髪を覆っていなかったことに対して、現地の人々を侮辱し敵を作ることになると非難したのだ。

トランプがメラニアの服装で発信した「キリスト教」重視のメッセージ

上の画像はサウジアラビアを訪問した際のメラニア夫人。現地のイスラム教徒の女性が頭を覆うスカーフは着用せず。下の画像はローマ法王に謁見するメラニア夫人。礼節に従い黒いドレスとベールを身に着けている。トランプはメラニアのファッションを通じてイスラム教よりキリスト教を重んじる姿勢をアピールしたのだ。

（出所）ホワイトハウス、メラニア・トランプのInstagramより

そのような経緯がありながら、トランプが「髪を隠さないメラニア大統領夫人」を公の場に登場させたのには理由がある。

メラニアはその後、嘆きの壁の前でも頭をそのまま出していた。ところがローマ法王に会ったときには、黒いベールを頭に身に着けていたのだ。ローマ法王と謁見する際に女性は黒いドレスとベールを身に着けなければならない。メラニアの横に並ぶトランプの長女・イヴァンカは、結婚を機にユダヤ教に改宗しているが、彼女も黒いベールをまとっていた。これはつまりトランプが、「我々はイスラムでもユダヤでもない。キリスト教徒である」というメッセージを発信していることに他ならない。

誰に向かって発信していたのかというと、その相手はロシアだ。

無神論を掲げていたソ連ではかつて、宗教弾圧が行われていた。ロシア帝国の国教だったロシア正教も長きにわたり迫害されてきたが、ソ連が崩壊した現在は急速にその地位を回復している。

ロシア正教は現在のロシアの国教ではない。ただ、プーチンは自らロシア正教の教会を礼拝し、教会の指導者に対して敬意を表する様子を国営放送で流すなど、このところロシア国民のアイデンティティーをロシア正教に求めるような動きも見せている。

ロシアの憲法では政教分離が掲げられているが、プーチンはトランプの一神教ツアーと同じ時期に行われた教会での演説で「この国の基本はキリスト教である」と述べている。

2016年2月には東西分裂後1000年ぶりにローマ法王とロシア正教キリル総主教が会談、「すべてのキリスト教徒の団結」をうたった「キリスト教同盟」の母体が誕生した。

また先述通り、トランプもアメリカ軍上層部に影響力を持つキリスト教の騎士修道会「マルタ騎士団」の支援を受けている。これらはつまり、トランプの裏にいるアメリカ軍と、プーチンの裏にいるロシア正教が手を組んだということでもある。トランプとその背後にいるグループはアジア勢に対抗する「キリスト教同盟」にロシアを取り込み、その勢力を拡大させようと必死なのだ。

米ロによって三つに分断されるアラブ世界

欧米が混乱するさなか、中東でも大きな動きが生まれようとしている。

トランプは先述の一神教ツアーの最初の訪問地サウジアラビアで、「アラブNATO（中東版NATO構想）」の創設を呼びかけた。サウジアラビアやエジプト、ヨルダンなどが参加する、スンニ派の安全保障連合を作ろうとしているのだ。

アメリカはなぜ、中東でこのようなリーダーシップを発揮したがるのか。

答えは「カネと石油」だ。

アメリカは中東においても多額の軍事費を負担している。アラブＮＡＴＯを結成することで、まずは同盟国にもアメリカの軍事費を負担してもらおうという魂胆がある。さらには、アメリカの強大な軍事力によって敵国の侵略や攻撃から守ることを約束する代わりに、アメリカの武器を同盟国に売り付けるのだ。

先の章で述べたが、トランプは一神教ツアー中に実際、サウジアラビアと１１００億ドルの武器売却を含む４０００億ドルの商談を成立させている。アラブＮＡＴＯを創設すれば、アメリカは自分たちの軍事支出を減らし、同盟国への武器の販売で儲けることになる。これが一つ目の理由、「カネ」だ。

もう一つの目的である石油は、先述の通りアメリカにとっては、絶対になくてはならないものだ。石油がなければ世界最強の軍事力も無効化してしまう。その石油を確保するために、アメリカはサウジアラビアをはじめ産油国の多い中東地域でアラブＮＡＴＯ創設のリーダーシップをとって存在感を強めようという狙いがある。

ただ、このアラブＮＡＴＯの構想自体はオバマ政権のころからあるもので、欧米権力者た

トランプの「アラブNATO」創設は
産油国の「カネと石油」が目的

リヤド・サミットの共同撮影で、アラブ各国首脳を押しのけサウジアラビア国王と共に最前列に収まったトランプ。サウジがアメリカに擦り寄ることでイスラム世界のリーダーにならんとする一方、アラブNATOを創設し、サウジをはじめとした産油国の「カネと石油」を狙うアメリカ。両者の利害を象徴する一枚となった。トランプはツイッターにアップした写真に「テロリストと過激派を追い出せ！」と勇ましい言葉を添えている。その言葉の裏にはアラブ諸国への軍備費の負担や武器購入を促す思惑が見え隠れする。

（出所）ドナルド・トランプのTwitterより

ちはこれを利用して第三次世界大戦の勃発をもくろんでいる。米軍関係者が運営する軍事情報サイト「Veteran's Today」は、「アラブＮＡＴＯ同盟は、イランやイラク、レバノンなどの『シーア派イスラム』の国々に対して戦争を仕掛けるつもりだ」と報じており、中東地域でこれまでにない規模の中東戦争が起こる可能性を指摘している。

しかし事態は欧米権力者たちの思うようには進んでいない。ペンタゴン筋によると、大規模な戦争は回避され、いずれ中近東は三つの大きな枠組みに収まるとともに、それにより分断されるという。

三つの地域の一つは、トルコと隣接するシリアとイラクの一部領土を含めた「トルコ帝国」。

二つ目はイランを中心とした「ペルシャ帝国」で、シーア派が多数を占めるシリア、イラク、レバノンを含む。

三つ目はサウジアラビアやヨルダンなど、スンニ派のアラブＮＡＴＯだ。

この構図から見えるのは、アメリカとロシアによる「油の山分け」だ。アメリカは中東版ＮＡＴＯと、ロシアはトルコ帝国と手を結んでいる。ロシアとトルコは一時期軍事的に緊張状態が続いていたが、短期間のうちに関係が回復し、今では親密な関係を築いている。また、イランはどちらかというとロシア寄りだ。

アメリカとロシアが中東での支配力を強めることで、キリスト教同盟のつながりも強化される。中国もイランとの関係を強化しているが、今の段階で中東に割って入るのは難しいだろう。

眠れる大国インドが目を覚ます日

米中二大帝国によって繰り広げられる世界の覇権争いだが、両国に次ぐ第三の国として存在感を増すインドを無視することはできない。数十年後、あるいはそれよりも早くに、インドは現在の中国をも追い抜く可能性を秘めているのだ。

インドのGDPは現在、世界第7位となる2・26兆ドル。アジアでは中国、日本に次ぐ経済規模があるが、その数字だけでは未来の大国のイメージは湧いてこない。インドの潜在能力を示すのは、その人口動態だ。

現在、世界の人口が最も多い国は中国で、その数は約13億8000万人にのぼる。中国は人口ボーナスによって爆発的な経済成長を遂げ、実質的にはアメリカを追い抜いて世界一の経済大国となっている。そしてこの中国に次ぐのが、約13億2000万人の人口を抱えるインドだ。世界の国別人口を見るとこの2カ国が突出しており、3位のアメリカ（約3億2000万人）とは大きく差が開いている。

注目すべきはその中身だ。中国の人口ピラミッドは、高齢者層が膨らむいわゆる「つぼ型」となっている。これは1979年から2015年にかけて実施された「一人っ子政策」の影響が大きいものと思われる。現在は「二人っ子政策」に移行しているが、経済成長を支えてきた生産年齢人口の減少は2012年から始まっており、人口総数が減少に転じるのも時間の問題と見られている。

一方、インドの人口ピラミッドは、きれいな「富士山型」となっている。この増え方からすれば、数年以内にも中国の人口を追い抜くだろう。経済的な観点から見れば、若い世代が多いことがインドの有望な将来性を示しているといえる。2017年現在、インドの人口の41％が20歳未満だ。一方の中国は、それが20％台にとどまる。この差は今後の経済成長の差となって現れるはずだ。若い世代がこの後も控えているインドでは、まだまだ高い経済成長率が続くものと推測できる。

下の世代だけでなく、上の世代の人口差も両国の経済成長にインパクトを与えそうだ。中国では60歳以上が人口の16％を占めているのに対し、インドは9％足らず。すでに少子高齢化の始まっている中国では今後も高齢者が増え続け、日本やアメリカのように社会保障制度

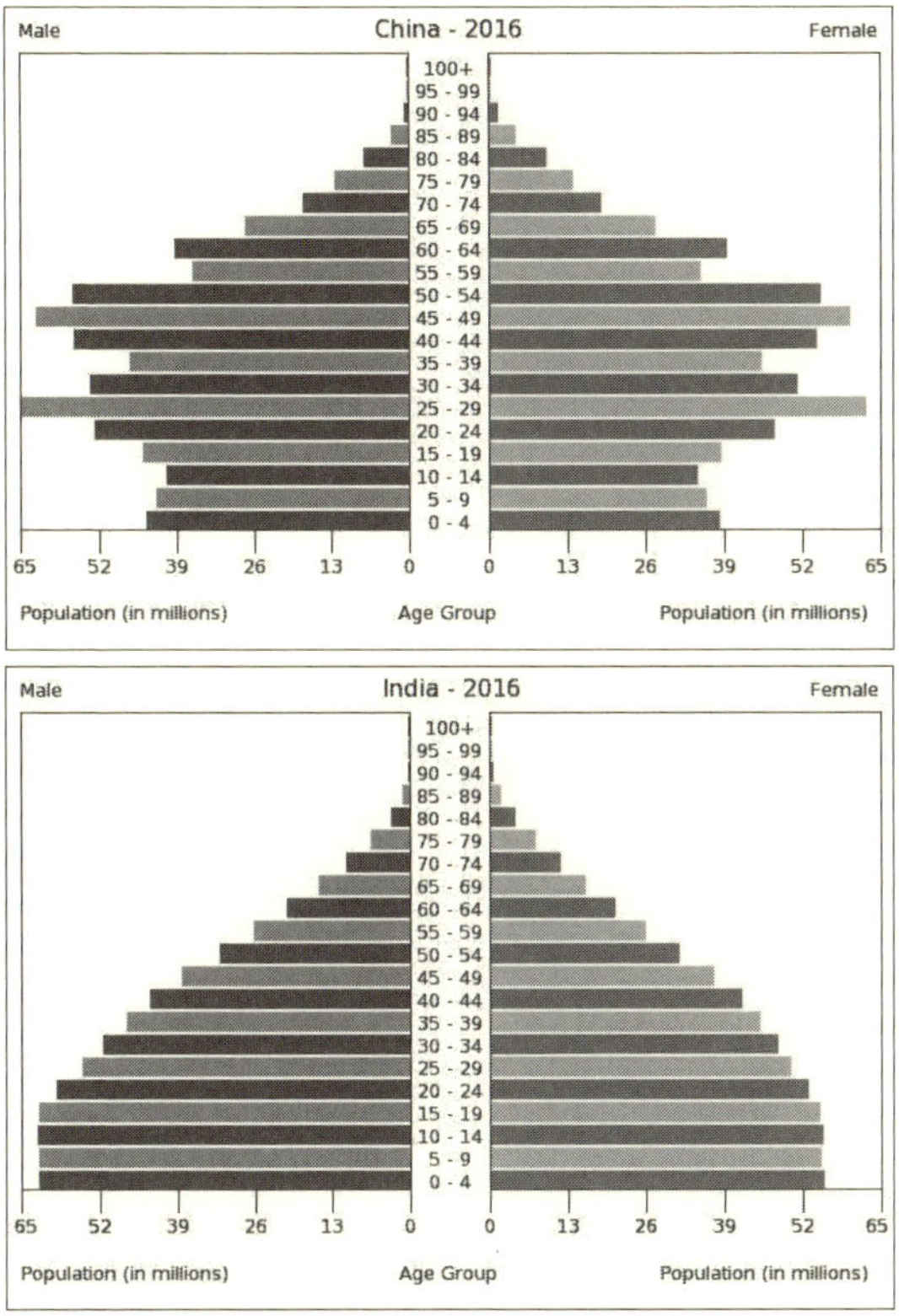

「人口ピラミッド」が示す
「第三の国」インドの存在感

上が中国、下がインドの2016年の人口ピラミッド。中国が「一人っ子政策」の影響で少子高齢化が進む「つぼ型」となる一方、インドは子供が多く高齢者が少ない「富士山型」。今後、人口増加や人口ボーナス（総人口における労働力人口の上昇）が期待できるインドに対し、中国は人口減少や社会保障費の破綻などが懸念されている。

（出所）Central Intelligence Agency the world factbook より

の破綻が大きな問題となるだろう。それは中国の経済成長のスピードを間違いなく鈍化させる。それを横目に、インドはかつての中国のように人口ボーナスで経済力を増していくことになる。

中国とインドのパワーバランスが崩れれば、1960年代から国境紛争の続く両国の関係にも影響が生じそうだ。このところも中国とインドは互いに牽制しあっている。

本書でも何度も紹介しているように、中国はもはや世界の中心と言っても過言ではない。大規模経済圏を形成する一帯一路、金融覇権をドルから元へと移行させるAIIBでも、先進各国がすでにそのリーダーシップを認め、日本とアメリカだけが置いてきぼりだ。ただ、日米とはまた別の理由で、インドは中国への対抗心を燃やしている。

第1章でも述べた一帯一路の国際会議（2017年5月14日と15日に中国・北京で開催）には、130カ国以上の首脳や代表団が参加した。その中には日本とアメリカの代表団の他、国際舞台で完全に孤立している北朝鮮の代表団の姿まであった。ところが一帯一路構想そのものを批判しているインドは、ボイコットという形で不参加。さらには参加国に対して、「構想に参加すれば債務返済の負担を強いられることになる」と警告までしている。

日本とアメリカが日和見な対応をしているのに対し、インドは明らかに中国に対して喧嘩腰だ。この一帯一路構想の一環として建設される「中パ経済回廊」は、インドとパキスタンの係争地であるカシミール地方を通る。領有権を主張するインドとしては、そんな構想を認められるわけがない。インドは今後も強い姿勢で一帯一路に反対し続けるだろう。

今や中国に対して明確に批判的な態度を取れるのは、世界でインドだけかもしれない。それだけインドには、「未来の大国」としての自負があるのだろう。

プーチンが握る「世界覇権のキャスティングボート」

「アメリカとロシアでもう一度冷戦をやろう。冷戦を理由にして、アメリカ、ロシア、ヨーロッパ、日本は軍事予算を拡大していく。その間、ロシアには中国と仲のいい友達のフリをしていてもらいたい。そして各国の準備が整ったら、アメリカ、ロシア、ヨーロッパ、日本の軍隊で一斉に中国を攻め込み、中国を六つに分断する。中国が二度と我々の脅威にならないように――」

2007年7月、ロシアの大統領、ウラジーミル・プーチンは、アメリカ・メイン州にあるブッシュ家の別荘を訪れていた。英国情報機関MI6がつかんだ情報によると、ブッシュ親子と共にボートに乗り込んで釣りに興じていたプーチンは、パパブッシュことジョージ・H・W・ブッシュからそのような「オファー」を受けたのだという。

結局ブッシュのこの計画は、アメリカ軍の愛国派によって阻止された。ブッシュはいつか訪れる核戦争の日に備えて、アメリカ中部のデンヴァー空港の真下に巨大な地下避難施設を建設し、ワシントンD.C.との間をトンネルでつないでいた。しかし2011年8月23日、アメリカ軍の愛国派はトンネルを爆破して地下施設を封鎖したのだ。同日、ヴァージニア州を震源地とするマグニチュード5・8の地震が発生、震源地から近いワシントンD.C.も激しい揺れに見舞われた。ヴァージニアにある大学の調査によると、その波形は人工的な爆発による波形の特徴と一致。地震は愛国派のトンネル爆破に起因したものだったのだ。

パパブッシュ提案の中国侵攻作戦はこうして未遂に終わり、ハザールマフィアもその後は急速に弱体化していった。しかし大統領がトランプに変わってからも、アメリカはロシアにキリスト教同盟への参加を促すなどラブコールを送り続けてきた。ハザールマフィアであろうと革命派であろうと、アメリカにとっての目の上のたんこぶである中国を払いのけるには、やはりどうしてもロシアの力が必要なのだ。

そして今、アメリカとロシアの関係は以前よりも良好になっているようだ。2017年7月7日、ドイツ・ハンブルクで開かれたG20に合わせたトランプとプーチンの初会談でも、二人は古くからの友人同士のような笑顔を見せていた。かつてオバマとプーチンの会談がまるでお通夜のように暗く沈んだ空気だったことを考えると、「劇変した」といってもいいくらいだ。

会談の内容も前進的なものだった。アメリカの大統領選挙でロシアがハッキングして介入したという疑いがあった件に関しては、「ロシアは関与していない」とプーチンが説明をし、トランプもそれを受け入れた。さらに両者は「シリア停戦」にも合意し、発表もその後すぐに行われた。

そしてこの会談では、トランプからプーチンに対して「中国包囲網」の提案もあった。ペンタゴン筋によると、トランプはプーチンに「このままだと中国がシベリアを占領してしまう」とけしかけたうえで、「アメリカ、日本、オーストラリア、韓国などが極東地域の開発に全面協力する」と提案したのだという。

不毛の大地というイメージも強いシベリアだが、地下には豊富な資源が眠っているといわれている。開発する余力のなかったロシアにとっては悪くない話だが、プーチンはその提案には乗らなかったようだ。ロシアは歴史上、モンゴル、フランス、ドイツなどに狙われた経験がある。それだけに、国際的な対立構造の中に組み入れられることを嫌っているのだ。

ただ、積極的に中国と対立するつもりはなくても、中国一強を許せるわけでもない。そこである程度まではアメリカに協力するが、中国を潰すところまでは考えていないようだ。

ロシアにとっての理想は「多極化」だ。

自分たちが一番になれば周辺国から狙われる。そうなりたくはないので世界覇権への意欲は薄いが、アメリカに付くか、中国に付くかで二大帝国の世界覇権競争の結果まで変えてしまうほどの影響力がある。兵士や兵器の数、資源量、人口、核兵器の有無などによって軍事力を総合的に評価する機関「Global Firepower」によると、２０１７年のロシアの軍事力はアメリカに次いで世界2位。「腐っても大国」なのだ。

中国ともアメリカとも適度に接近するロシア。最近の動きはどっちつかずにも見えるが、世界覇権のキャスティングボートを握っていることだけは間違いない。

トランプとプーチンの初首脳会議
アメリカが提案した「中国包囲網」とは

2017年、トランプとプーチンの初首脳会談は予定を上回り2時間以上に及んだ。プーチンは大統領選でのロシア介入の疑惑を否定、シリア問題や対中国に関して話し合ったとされる。両者はすぐ意気投合、良好な関係を示した。ロシアは「キリスト教同盟」にとって不可欠な大国。アメリカとロシアの駆け引きは今後も続くはずだ。

（出所）ロシア政府のTwitterより

第5章

安倍「奴隷」政権と収奪される日本の財産

私たちが選ぶべき「日本の生きる道」

ハザールマフィアの傀儡となっている安倍政権にも終わりが訪れようとしている。問題はその先、アメリカと中国という大国に挟まれた日本が、どう生き延びていけばいいのかということだ。ハザールマフィアとともに衰退の道を歩むのか。それとも新しい勢力とともに復活の道を歩むのか。国民一人ひとりが考えて正しい道を選ばねばならない。

与謝野馨は「病死」ではなく「暗殺」された

２０１７年5月24日、財務大臣や内閣官房長官などの重要ポストを歴任した与謝野馨の死亡が明らかになった。当初、死亡日は伏せられていたが、のちに自民党の二階俊博幹事長が同月21日に死亡したと発表した。与謝野は4月30日に、7年ぶりに自民党への復党を果たしたばかりだった。

与謝野は２０１２年に咽頭がんの手術を受け、その年の衆院選出馬を断念して政界の表舞台からは消えていた。それでも政界の裏側で大きな影響力を保持していたため、自民党としては苦戦が予想されていた東京都議会議員選挙を前に、どうしても与謝野の力を借りる必要があった。

しかし、彼の死は突然訪れた。複数の情報筋によれば、それは彼の死が病死ではなく、殺人だったからだという。振り返ってみると、与謝野の死には不可解な点が多い。まず、死亡日がなかなか表に出てこなかった点がおかしい。そして咽頭がんという病魔と闘っていたことを公表していたにもかかわらず、死因に関しては「故人の意向」として伏せられていた。死後になって「肺炎のため」と公表されたが、がん手術の経過については伝える一方で、死因に関しては伏せるというのは不可解だ。

自民党に復党した直後に死んだという点も奇妙だ。与謝野の復党は本人が打診し、それを自民党が了承したものだが、病状が深刻ならばそのようなことはできなかっただろう。少なくとも都議選での応援演説に担ぎ出したかったはずの自民党関係者には、「もうすぐ死にそうな人間」とは思われていなかったはずだ。与謝野は咽頭がんの手術で一度は声を失ったものの、翌年には声を取り戻す手術を受けて成功している。メディアのインタビューに答えるほど回復もしていたので、真夏の選挙戦の応援に駆けつけるだけの体力はあったものと思われる。

ではなぜ、与謝野は殺されたのか。その「犯人」については、皆さんも察しがつくだろう。日本の政界でも、ハザールマフィアによる暗殺が行われているのだ。

ハザールマフィアにとって、日本はアメリカの奴隷国家でなくてはならない。郵政民営化をはじめとして「自由化」の名のもとに、日本人が生み出す富、所有する富を、あの手この手で収奪していくことが彼らの目的だ。

その邪魔をする政治家がいたとしたら、抹殺するしかない。例えば第74代総理大臣の竹下登は、日本が持つアメリカ国債の売却を公の場で示唆した。アメリカ国債を日本が売るといえば、国債価格は暴落しかねない。ハザールマフィアに逆らうとどうなるか、見せしめのために彼は殺されたという情報が私のもとにもいくつも寄せられた。

与謝野馨の場合は、日本に「親ロシア政権」を誕生させようと動いていたことが殺される要因となったとされる。日本が親ロシアに傾けば、ハザールマフィアは有力な奴隷を失うことになる。ハザールマフィアとしてはそれだけは阻止したかったのだ。

アベノミクスが収奪する日本人の資産「2000兆円」

与謝野馨の暗殺からもわかるように、日本はハザールマフィアが今なお強い影響力を持つ国である。むしろ、ここまで弱体化したハザールマフィアに隷属しているのは、日本だけだといってもいいくらいだ。

2012年12月26日から続く長期政権となった第2次安倍政権も、その中身はハザールマフィアの傀儡政権である。ハザールマフィアの奴隷として、これまで日本国民が蓄えた富をアメリカに差し出してきた。

安倍晋三首相が2度目の就任以来掲げてきた景気刺激策「アベノミクス」も、日本人を豊かにするための政策ではない。日本人の奴隷化を加速させ、その富をハザールマフィアに移すための仕組みづくりである。

「そんなはずはない。日経平均株価は2万円を回復した。日本の景気は回復しているのに何を言っているんだ」

そういう反論もあるだろう。しかし実体経済はどうだろうか。国民の暮らしは豊かになっただろうか。

内閣府の景気動向指数研究会が発表する「景気動向指数」は、2012年12月以降、回復を続けており、回復期間の長さは戦後3番目、バブル景気よりも長く回復を続けているともいわれている。

しかし可処分所得はというと、前年比で2014年は3・7％の減少、2015年は0・2％

の減少と、統計によっては景気回復とは逆の数字を見せることもある。

これはつまり、アメリカ同様に日本でも格差社会が進んでいるということを意味している。世代間格差、地域格差、所得格差など、さまざまな格差が生まれる中で一部の金持ちだけが収入を増やし、資産を増やしていった。それにより全体の数字は良くなっても、中間層の収入や資産が増えたわけではなかった。もともと権力を持っていた者だけが富を拡大した一方で、日本国民の多くは良くて現状維持、普通にしていたらマイナスとなった。給料も上がっていないのに、景気回復など実感できるわけがないだろう。

株高については本書でも述べた通りだ。株高は中央銀行が演出家となれば、いつでも意図的に作りだすことができる。マイナス金利政策により日本の株式市場のシステムは壊れてしまったので、今の日経平均株価は実体経済を反映した数字になっていない。金融機関などが取り入れているコンピューターの高速取り引きに、生身の人間が勝てるはずもなく、個人投資家は市場から逃げだしてしまった。「アベノミクスで儲かった」という人は本当にごく一部。運が良かっただけの人である。

そしてこのアベノミクスは２０２０年、東京オリンピックの年に、国民には知られることのない集大成を迎える。というのもアベノミクスは、ハザールマフィアが進めていた「２０２０年２０００兆円収奪計画」の一部でもあるからだ。その計画とは文字通り、

アベノミクスの「金融緩和」で日本人の財産を海外に横流し

アベノミクスに基づき日銀は「異次元の金融緩和」で国債を爆買いし、それによって生まれた莫大な資金は日本の大企業の株購入や利回りのいい海外に流れ、国民の財布に入るお金が増えることはなかった。アベノミクスは景気刺激対策として打ち出されたが、実際は日本のお金をハザールマフィアに横流しするための政策だったのだ。

2020年までに日本人から総額2000兆円を収奪しようという計画だ。

アベノミクス以外で代表的な収奪計画といえば、小泉政権時の「郵政民営化」である。郵政民営化の是非を問うた2005年の総選挙で、自民党は歴史的大勝を果たした。いわゆる「小泉劇場」と呼ばれた選挙だが、その劇場の監督・総指揮は小泉純一郎ではない。小泉に郵政民営化を命じたのは、ブッシュ親子のいるアメリカのナチス勢力である。

アメリカからの命令があった証拠もちゃんと残っている。当時、アメリカと日本の間では、「年次改革要望書」が交換されていた。これは双方の政府が、相手国に対して「互いの経済発展のためにこの制度を変えてほしい」という要望を出し合うものだ。

郵政民営化は、その年次改革要望書でアメリカ側から要望されていたことを、小泉政権が実行に移しただけのことにすぎない。これまでこの要望書を通じて実現されたものは、金融ビックバン、建築基準法改正、労働者派遣法改正、司法制度改革、日本道路公団解散などがあるが、日本がアメリカの要望に次々と応える一方で、アメリカは日本の要望にはほとんど応えてこなかった。まさに主人と奴隷の関係性。アメリカから見た日本は、都合のいい「オトモダチ」だ。

郵政選挙当時、マスコミは郵政民営化の問題として、郵便配達業務の問題ばかりを取り上げていた。限界集落に住むお年寄りにとっては、郵便局員は地域の見守り役でもあるから、たしかに困る人は多かった。しかしそれは、郵政民営化の本質的な問題から人々の目をそらすために、マスコミが盛んに取り上げていたにすぎなかった。

郵政民営化の本丸は配達業の自由化ではない。郵便貯金と簡易保険、総額350兆円にものぼる日本人の資産を、アメリカに移し替えることだった。当時のマスコミは、この大きな問題をまったくと言っていいほど取り上げなかった。

アベノミクスも同様に、日本の資産をアメリカに次々と献上している。2015年11月には郵政民営化の一つの着地点でもある、ゆうちょ銀行、かんぽ生命、そしてそれらの親会社であった日本郵政を上場させ、外国資本が参入する余地を作ってしまった。

2014年5月に発表した130兆円にものぼる年金資金の株式投資拡大も、その投資先は国内ではなく、利回りのいい海外に向いてしまった。これほどあからさまに日本の資産が海外に流れているにもかかわらず、マスコミはほとんどこのような問題を扱わず、芸能人の不倫問題でお祭り騒ぎをしているだけだ。

日本銀行が2013年4月に「異次元緩和」を発表して以降、日銀が国債を大量購入しているることも、日本の資産を海外に流すための大きなルートになっている。日銀が国債を大量に購入すると、政府は莫大な資金を獲得することになる。しかしその資金は日本の中小企業などには回ってこない。大企業の株の購入に使われているからだ。

「日本のマーケットでお金を使うのはいいことじゃないか」という指摘もあるだろうが、日本の大企業の株はハザールマフィアの配下にあるハゲタカファンドに大量に保有されている。つまり日本の大企業への資金注入は、ハザールマフィアへの資金提供と同義なのだ。

「安倍おろし」を画策した「森友学園問題」の仕掛け人

そんな売国政権である安倍政権だが、2017年に入り森友学園のスキャンダルにより強烈な逆風にさらされている。7月の都議選では小池百合子知事率いる「都民ファーストの会」が自民党に圧勝。同じ月に行われた仙台市長選挙でも、自民党が支持する候補者が敗れてしまった。

各メディアによる支持率調査でも、危険水域といわれる30%を切るケースが出始めた。「もはや安倍政権もここまでか」という声も聞こえ始めてきたが、この一連のスキャンダルの仕掛け人が誰かについてはどのメディアも言及するには至っていない。

森友学園のスキャンダルを仕掛け、「安倍おろし」の動きを加速させているのは、今なお闇将軍として暗躍する小沢一郎だ。

ここでややこしいのは、安倍首相のバックにいるのがハザールマフィアなら、小沢のバックにいるのもハザールマフィアだということだ。つまり安倍おろしを実現させて小沢政権が誕生したとしても、それは首相の首をすげ替えただけで、日本の事実上の支配者がハザールマフィアであるということに変わりはないのだ。

では小沢のバックにいるハザールマフィアは誰なのか。森友学園問題の騒ぎが大きくなった時期に遡ると、その人物が浮かび上がってくる。

2017年3月15日の夜、アメリカ国務長官のレックス・ティラーソンが初来日をした。本書でも紹介したティラーソンは、ロシアとの距離を縮めるべくトランプが指名した人物だが、彼の行動原理においての最優先事項はトランプではない。石油最大手のエクソンモービルの元CEOという肩書きからも、彼は石油資本を牛耳るロックフェラー一族の影響下にあると考えたほうがいいだろう。

森友問題はティラーソンの来日前の2月から報道が始まっていたが、この来日を境にこの問題が大荒れとなったことは事実だ。ティラーソンの来日中の3月16日には籠池泰典元理事長が、安倍昭恵夫人から「安倍晋三からです」と説明を受けて100万円を受領したと主張。その1週間後には参議院予算委員会で籠池元理事長の証人喚問が行われ、テレビ各局はこぞってその模様を放送していた。

しかしその後、森友学園側の猿芝居が次々に明らかになった。受領したという100万円を口座に振り込んだ際の振込用紙で、学園側が「職員が書いた」と主張する「安倍晋三」「匿名」などの文字の筆跡は、籠池夫人の筆跡に酷似しており、「90％の確率で籠池夫人のものだ」とする筆跡鑑定人も現れた。

また、後日籠池元理事長が「100万円を返しに」昭恵夫人のもとを訪れた際には、札束の一番上と下だけが本物の1万円で、それ以外はただの白い紙だったため、世間の笑い者となってしまった。結局、籠池夫妻は7月31日に、国の補助金を搾取した疑いで逮捕され、この問題の報道も一気に縮小化することとなった。

森友問題をきっかけに小沢に安倍おろしをそそのかしたティラーソンの狙いもジャパンマネーだ。彼はブッシュらナチスグループの奴隷となっている安倍政権にかわり、ロックフェラー一族の息のかかった小沢政権を誕生させようとした。そうすることで日本から長期的に富を収奪しようとしたが、今回は不発に終わった。しかし第二、第三の矢を放つ可能性はある。首相スキャンダルで使われた森友問題のような中途半端なネタは、それ自体が爆弾ではない。「首相からおりろ。さもなければ、政治生命、さらには生命が絶たれるほどのスキャンダルを仕掛ける」という裏の権力者たちからのメッセージなのだ。

「次の総理は俺だ」と吹聴する小沢一郎

ティラーソンが誕生させようとした小沢政権だが、小沢本人は自分が総理大臣になるのにどれほど本気だったのかというと、「かなり本気だった」といえるだろう。

かつて「政界の壊し屋」「剛腕」などの異名を持った小沢だが、ここ数年すっかり存在感を消している。だが今なお現役の衆議院議員で、自由党の代表も務めている。民主党時代に叶わなかった「小沢総理」の野望はまだ消えておらず、「安倍を叩いて自分が総理の座に就く」という青写真を描いているようだ。

そして、その野心を隠そうともしていない。関係者によると、小沢本人は「次の総理大臣は自分だ」と周囲に触れ回っているばかりではなく、北朝鮮とのパイプがあることから「日本、マレーシア、韓国、北朝鮮を統合して、自分がそれを治める」などと大風呂敷を広げているという。ここまで来るともはや日本の総理大臣という枠を超えて「小沢帝国の小沢天皇」

である。

この程度のハッタリはまだいいかもしれない。小沢は「自分とキッシンジャーが300人委員会のトップだ」ということまで言いふらしているという。300人委員会とは、エリザベス女王をトップとしたイギリスに本部を置く秘密結社で、世界の権力者たちで構成されるグループである。日本のトップに立ったこともない小沢が、世界のトップに立つなどということはそもそもあり得ない話である。

現在の300人委員会は、エリザベス女王の他にローマ法王フランシスコ、ロシア正教会モスクワ総主教のキリル1世、アメリカ統合参謀本部議長のジョセフ・ダンフォード、中国の習近平国家主席など、表の世界でも絶大な力を持った人物で構成されており、小沢のようなフィクサー気取りの人間が入る余地などまったくないといっていい。

小沢がこれまで日本で大物扱いされたのは、デイヴィッド・ロックフェラーのバックアップがあったからだ。しかしデイヴィット・ロックフェラーが死去した今、小沢は一介の政治家としての力しかなくなっている。「小沢総理説」に関しても複数の情報筋に確認したが、そろって「小沢政権の誕生はあり得ない」と断言した。日本の奴隷化に暗躍したヘンリー・キッシンジャーも同様、もはや何の力も持っていない。結局小沢もキッシンジャーも、ロックフェラーという虎の威を借る狐だったのだ。

華僑に見限られた「蓮舫」の今後

ポスト安倍を狙っていたのは小沢だけではなかった。民進党の代表だった蓮舫も、一時はポスト安倍の有力候補だった一人だ。

しかし彼女の政治生命は終わった。まだまだ議員に居座ることはできても、このチャンスを逸したことで、総理への道はなくなったといってもいい。

台湾人の政商を父に持つ蓮舫を総理に担ぎ出そうとしていたのは、中国系の華僑勢力だ。元キャスターで顔だけは有名。大した政治能力もない彼女が民進党の代表までのぼりつめたのは、華僑マネーが日本に流入していたためだ。大手メディアが「日本初の女性総理候補」「必殺仕分け人」と持ち上げることにより、メディアに乗せられやすい層の人たちの票が彼女に大量に流れていた。

しかし、彼女にはいくつかの問題があった。まずは二重国籍問題だ。蓮舫は1985年に日本国籍を取得している。その際に、台湾籍を離脱したかどうかが問題となっていた。

この問題については、専門家でも見解が分かれるところであった。「ネットが騒ぎ過ぎ」

という指摘もある。恐らく彼女が芸能人やニュースキャスターといった肩書きで生きていれば、問題にされることはなかっただろう。ただ、彼女の場合は一国のトップを狙える位置にいただけに、世間の厳しい目が常に注がれてしまった。そして致命的なことに、彼女はネットユーザーらから嫌われていたのだ。

ネットユーザーらがことあるごとにネタにしているのは、彼女が「マジコン」と呼ばれる不正コピーソフト用のゲーム機材を自分の子供に与えていたことだ。彼女はそれが「悪いこと」とは思わなかったのだろう。２００９年12月29日、自身のツイッターに、「ＤＳ『イナズマイレブン２』の改造コードの入れ方をどなたかご存知ですか？　私にはさっぱり……」と、マジコンを使っていることがわかるような書き込みをしてしまったのだ。

この話題は8年近く経った今もネットユーザーらの話の種だ。恐らく、今後10年20年と語られてしまうだろう。この脇の甘さが、もはやトップの器ではない。こうした問題がなければ、二重国籍問題の炎上も切り抜けられただろう。

政治資金の不正使用疑惑で東京都知事を辞職した舛添要一のように、日本人はトップの人間が「セコい人間」だとわかると、その人間が辞めるまでバッシングをする。このマジコンも、金持ちでありながら数千円の正規ソフトの購入をケチった、セコい話だ。

もし蓮舫が総理の座に就いたとしたら、何かあるたびに蒸し返されてしまう。そうなると、彼女を支援する華僑勢力も自分たちの目的を達成できない。そもそも華僑勢力の構想は壮大なもので、蓮舫を首相にすることにより、アメリカにべったりとくっつく日本にアジアの枠組みに入ってもらおうという狙いがあった。二重国籍問題の初期対応のまずさや、マジコン問題を露呈した脇の甘さを見て、華僑勢力は自分たちの重厚なテーマに対して、蓮舫ではあまりにも軽いということにようやく気付いた。

一部メディアは、蓮舫が政治家を引退してキャスターに復帰と報じているが、首相の線がなくなった今、それが最良の選択といえるかもしれない。

「ポスト安倍」に麻生副総理を担ぎ出すロスチャイルド

パパブッシュ率いるナチスアメリカの傀儡となっている安倍政権に対し、ロックフェラーの影響下にあったティラーソンは小沢一郎を、そしてアジア勢の華僑グループは蓮舫を、それぞれ日本の新首相に担ぎ出そうとしていた。ここに来てもう一人、意外な人物が首相に担ぎ上げられようとしている。麻生太郎副総理だ。

麻生が2008年9月に総理大臣に就任した際は、わずか1年という短い在任期間で終わったが、2012年に発足した第2次安倍内閣から副総理、財務大臣、内閣府特命担当大臣を兼任しており、安倍首相の盟友として今も重要ポストに就いている。

麻生を再登板させようとしているのは、ロスチャイルドである。「なぜロスチャイルドが麻生副総理を?」と思うところだが、両者の蜜月ぶりがよくわかるのが、「水」の売り飛ばしだ。

日本の右翼筋によると、麻生は賄賂をもらい、高知県の水道事業をフランスのセメント大手「ラファージュ(現ラファージュホルツィム)」に勝手に売り渡したのだという。このラファージュという会社には、ヒラリー・クリントンやロスチャイルドのフランス分家などが顧問として在籍している。

これ以外にも、愛媛県松山市の水道事業をフランスの「ヴェオリア・ウォーター」の日本法人「ヴェオリア・ウォーター・ジャパン」という会社に売り渡している。同社はその後も広島や埼玉、千葉で下水処理場の事業を受託しており、日本の水事業に深く入り込んでいることがうかがえる。

日本の水は、日本国民のためにあると考えるのが日本の政治家であるはずだが、麻生にとっては、そうではないらしい。水資源に恵まれた日本人には実感が湧きにくいかもしれないが、地球レベルで見ると、水はとても貴重な資源だ。これが「金になる」と知っている国民はまだ多くない。国民が無知であることをいいことに次々と水を売り飛ばし、ロスチャイルドのためにせっせと仕事をしているというわけだ。

極め付きだったのは2013年4月19日、ワシントンD.C.にあるCSIS（米戦略国際問題研究所）で行った会見での発言だ。麻生はジャパンハンドラーとして知られるCSIS副理事長のマイケル・グリーンと並んで会見をし、その場で、「日本の水道はすべて国営もしくは市営・町営だが、こういったものをすべて民営化します」と勝手に宣言したのだ。

麻生副総理はこのように、日本の水資源を国民に知らせることなく勝手に外国に売り飛ばそうとしている。日本国民はもっと怒らないといけないところだが、このニュースはどこもまともに取り上げないため、問題の深刻さに気付いている人は非常に少ない。これはもっと多くの人が知るべき売国行為に他ならない。

日本では、蛇口をひねれば安全でおいしい水が出てくる。ここまで水に恵まれた国は他にないといってもいい。その水道事業が外国資本に握られたら、今の水質が維持される保証はないだろう。国民の健康や命にも関わるのだから、本来、森友学園問題や加計学園問題の何十倍も深刻な問題である。それをどこも扱わないというのは、日本のメディアがまだまだハザールマフィアの支配下にあることを物語っている。

ロスチャイルドとしては、麻生副総理は扱いやすい人物だからこそ、再登板させたいところだ。しかし、CIAやアメリカ正規軍などは、安倍と麻生を引きずりおろそうとしており、そう簡単にロスチャイルドの思惑通りにはならないだろう。

「北朝鮮とアメリカの対立」は日本と韓国への脅し

日本人が気にせずにはいられない外国情報といえば、北朝鮮情勢だろう。国際社会がどれだけ非難をしても、北朝鮮はミサイルの発射と核実験をやめようとしない。かつて馬鹿にしていたミサイルの精度も日に日に向上しており、だんだんと笑えない状況になってきている。そんな中で、日本政府はテレビCMを使って、ミサイルからの避難方法を国民に向けて説明を始めている。

「そろそろ本当にまずいんじゃないか」

そう考えてしまうのも不思議ではない。

しかし、北朝鮮は本当に脅威なのだろうか。

アメリカで、北朝鮮の専門家が１７４６人のアメリカ人を対象に、アジア地域の地図を添えて次のような質問をした。

「北朝鮮がどこにあるのか、指し示してください」

その調査結果は意外なものだった。北朝鮮の場所を正確に答えられたのはたったの36％。「北朝鮮からミサイルが飛んでくる！」と騒いでいるのかと思いきや、そもそも「北朝鮮ってどこ?」という認識でいる人が圧倒的に多いのだ。中国やインド、東南アジアの国々を指し示した人も少なくなかった。世代別では、知識のありそうな「45歳から54歳」の正解率が最低の25％だった。

この結果から浮かび上がるのは、「北朝鮮は本当に脅威なのか」という疑問だ。「はじめに」でも述べたように、北朝鮮のミサイルが今になって「脅威だ」というのは無理筋な話だ。北朝鮮はもうずっと前、１９９８年に人工衛星を飛ばした時点からアメリカを射程圏内に入れている。この20年近く、アメリカを攻撃しようとすればいつでも攻撃できたのだ。

しかし北朝鮮はアメリカを攻撃しない。攻撃する理由もない。というのも、北朝鮮はこれまでずっとアメリカのコントロール下にあったからだ。

北朝鮮とアメリカが対立しているように見せているのはハザールマフィアだ。彼らは北朝鮮のミサイル騒ぎを利用して、「北朝鮮を守ってほしければアメリカ軍にお金を出せ」と日本と韓国を脅しているのだ。そしてミサイル防衛システム「THAAD」のような欠陥品を押し売りしている。THAADはアメリカの行政監査院から「昨今のミサイルの脅威から国土を守れるだけの性能が実証されているわけではない」と評価を下されており、自国のアメリカ軍ですら購入しなかった程度の代物なのだ。

そしてハザールマフィアから政権を奪い取ったトランプ軍事政権も、この北朝鮮問題を継続している。この点に関してハザールマフィアと思惑が合致しているのは、中国を牽制したいアメリカ軍が、日本の自衛隊や韓国軍と組んで「米露軍事同盟」に連動させようという狙いがあるからだ。

「日本列島焦土化部隊」10万人が日本各地に潜伏

とはいえ、北朝鮮で戦争が起こらない保証はどこにもない。北朝鮮と日本を含む周辺国は、世界覇権争いの最終決戦の場になる可能性もあるのだ。ローマ法王フランシスコも「北朝鮮をめぐるトラブルが『人類の大部分』を消滅させるような大きな軍事的紛争を引き起こす可能性がある」と懸念を表明している。

ローマ法王が警戒しているのは、ハザールマフィアの動きだ。最後の一手として第三次世界大戦を画策する彼らは、緊張状態の続く北朝鮮情勢を利用して、戦争のきっかけを作ろうとしている。

ナチス派の影響下にある日本では、北朝鮮に対する先制攻撃を主張する政治家も現れた。「北朝鮮に核爆弾を落とされてからでは遅い」という理由からだが、この主張は完全にハザールマフィアの思惑に乗せられてしまっているといっていい。

北朝鮮の金正恩体制を管理していたのもアメリカのナチス派である。正確には、北朝鮮という国は彼らにとっての「隠れ植民地」であり、資金源となる覚せい剤の工場も持っていた。ワシントンD.C.からナチス派を一掃したトランプ政権は、朝鮮半島近海に原子力空母や原子力潜水艦を展開し、核兵器を搭載可能なステルス爆撃機を日本と韓国に配備している。ナチス派の傀儡である金正恩政権に対して、ブッシュ親子、クリントン、オバマとは明らかに異なる対応を見せている。

一方、北朝鮮はトランプ政権を牽制するために、ミサイルの発射実験を繰り返している。さらに日本の右翼筋によると、東京、名古屋、大阪に、小型核を携えた北朝鮮の特殊部隊

10万人がすでに送り込まれていたという。ひとたび戦争になれば、「日本列島が焦土化する」という北朝鮮メディアからのメッセージは、単なる脅しではないようだ。このような状況では、たとえ日本の先制攻撃が可能になったとしても、すぐにやり返されてしまうだろう。

一連の流れを観察していると、アメリカと北朝鮮の開戦の秒読みが始まったかのような印象を抱かせるが、トランプは北朝鮮を威嚇するだけで攻撃する意思は持っていない。一方の北朝鮮にとっても、ナチス派の支配が終わろうとしている今、豊富な地下資源を背景に朝鮮半島の統一を狙っており、このタイミングでアメリカと戦争することのメリットは皆無だ。

北朝鮮の資源と聞いて、「北朝鮮に資源などあるのか」と思う人も多いだろうが、北朝鮮の地下には石炭、銅、金、黒鉛、マグネサイト、亜鉛の他、レアメタルのタングステンやニッケル、モリブデン、マンガン、コバルト、チタニウムなどが豊富に眠っている。北朝鮮にそれらを採掘する力がないだけで、潜在的には世界有数の資源大国なのだ。

北朝鮮の地下資源を狙う権力者たちの動きも慌ただしくなってきた。

アジア勢力やCIAの情報筋によると、その一人は米国務長官のティラーソンだという。ロックフェラーの影響下にあるティラーソンは訪問先の韓国で、「我々が必要だと判断した場合は軍事行動を含め、すべての選択肢がテーブルの上にある」と話し、いざとなれば力ずくで北朝鮮の資源を奪い取ることを示唆している。

ロスチャイルド一族もまた、北朝鮮の資源獲得競争に名乗りをあげた。

彼らは莫大な地下資源を奪い取るために、ある工作を行ったという。金正男（キム・ジョンナム）の「偽装暗殺」工作だ。2017年2月、金正男はマレーシアのクアラルンプールで暗殺されたことになっているが、殺された男は金正男の替え玉だったという証言がいくつも出ている。ロスチャイルドの狙いは、金正恩に「兄殺し」の汚名を着せ、指導者の座から引きずり降ろすこと。そして金正男の長男である金漢率（キム・ハンソル）を北朝鮮の新指導者に据えて、自分たちの支配下に置くというものだ。しかしロスチャイルドは金漢率についても偽者を立てるつもりでおり、血統を重んじるアジアの王族たちから認められずにこの工作は失敗するものと思われる。

和平交渉の成立で世界の平和は極東から訪れる

ペンタゴン筋などの情報によれば、ローマ法王の介入により、朝鮮半島の和平と、西側諸国と北朝鮮の国交正常化が決まったのだという。トランプは相変わらず北朝鮮を激しく非難しているが、金正恩との会談や北朝鮮訪問の可能性にも言及しているのは裏では和平の話し合いが進んでいるためだ。

トランプにとっての課題は、アメリカ大統領としてどのような和平交渉をするかだ。問題は北朝鮮の核だ。北朝鮮を核の脅威のある国に変えたのはナチス派であるが、一度持った核兵器を手放すように求めることは難しい。そこで、「アメリカ軍が朝鮮半島から撤退する代わりに北朝鮮は核兵器を放棄する」といった内容で交渉がまとまる可能性が高いが、水面下では核保有を黙認せざるを得ないようだ。

この和平交渉が成立すれば、ハザールマフィアらが計画していた「北朝鮮発の第三次世界大戦」は回避できる。ローマ法王が間に入ったことで、和平の可能性は大いにある。というのもローマ法王は以前にも、「キューバとアメリカの国交正常化」や「コロンビア政府と左翼ゲリラの和平」などを実現させている実績があるからだ。その後これらの地域では麻薬拠点が浄化され、ハザールマフィアは大きな資金源を失うこととなった。北朝鮮でも同じように和平が実現すれば、覚せい剤工場が閉鎖され、ハザールマフィアにとって大きな痛手となるだろう。

「冷戦の最後の遺物」である朝鮮半島の問題が解決されれば、中国が進める一帯一路はさらに大きなスケールとなる。中国、ロシアと朝鮮半島は鉄道で結ばれ、さらにそれが海底トンネルで日本やアラスカにもつながる。北朝鮮の代表団が一帯一路の会議に出席しているのは、そのための準備を進めたいからでもある。

一連のインフラ整備では日本の建設、土木の技術力が求められ、日本企業に大規模な開発案件が次々に舞い込むだろう。朝鮮半島の和平が、日本経済復活の切り札となる。

その成功事例は、世界各地の紛争地域にとってのモデルケースになるだろう。争いの時代から、他国との協力で経済発展を目指す時代へ。世界平和が、極東地域から広がっていくのだ。

おわりに――日本の独立記念日へ向けて

「ブラックナイト（黒騎士）衛星」と呼ばれる国籍不明の巨大な人工衛星がある。

この衛星は1960年ごろにアメリカ海軍により発見されたが、なぜそこにあるのか、誰が飛ばしたのかはわかっていない。一説によるとブラックナイトは1万3000年前から地球の軌道上を周回しており、人類ではなく地球外生命体が何らかの目的で飛ばしているのではないかともいわれている。

冷戦中の米ソが宇宙開発競争を始めて半世紀以上が過ぎているが、人類の宇宙進出は思ったほど進んでいない。民間の宇宙旅行も、火星への有人飛行も、まだ叶っていない。むしろ冷戦時代から何も進んでいない。20世紀には人が着陸できた月面に、21世紀にはまだ一度も着陸できていないことを考えれば「後退した」のだろう。

その原因は、このブラックナイトが人類の邪魔をしているからだともいわれている。人類が宇宙探索のためのロケットを飛ばすたびに、ブラックナイトが何らかの妨害を働く。その存在自体はNASAも公式に認めているところで、物理的、心理的に人類の宇宙進出を止める役割を果たしていたということだけは間違いない。このほど、そのブラックナイトが爆破される映像が私のもとに送られてきた。誰が何のために送ってきたのかはわからないが、この映像は人類に新しい時代が訪れたことの象徴なのだろうと感じた。

地上では、旧体制権力者らの敗北が決定的となった。ごく一部の権力者が99％以上の富を独占するという時代は終わりを告げ、新たな世界の秩序が作られようとしている。その中でみんなが豊かになる時代が訪れようとしているのだ。

ブラックナイト撃墜の知らせに続き、今後は地球人類があっと驚くような素晴らしいニュースが次々と発表されていくだろう。

ＮＡＳＡは「若返りの薬」の臨床試験を始めるという。これはもともと、「火星の任務にあたる宇宙飛行士の健康維持」を目的に開発された薬とのことだが、一般人にも使われるようになれば、私たちはいつでも若く、健康な体を維持して生きていけることができるようになる。もしかすると、不老不死が現実となるかもしれない。

さらにＮＡＳＡは人類の本格的な宇宙進出に向けて、「宇宙船に電力を供給するソーラーパネル」や「光より速いスピードで進む宇宙船」の技術開発を積極的に進めているという。これらの研究が成功すれば、２０３０年から２０５０年の間に、地球に似た環境のいくつかの惑星に到達することも可能になるそうだ。私たちがまだ生きている間にも、そのような革命的な進歩が起こるかもしれない。

こうした話を聞いて「そんなのはまだまだ無理だろう」と懐疑的な人もいれば、「その瞬間を目撃したい！」とわくわくする人もいるだろう。

どちらでも結構だ。大切なのは、「明るい未来を想像する」ということ。それをせずに、私たちに明るい未来が訪れることはないからだ。

もちろん、今の日本で明るい未来を想像することは簡単ではない。

政治家は国民ではなくアメリカを見て政治をしている。

メディアは既得権益者の利益になることを報じている。

大企業は自分たちが儲けることだけ考えている。

国民は努力しても報われない現実に絶望し、努力することをやめてしまっている。

こんな状況で「明るく前向きに」などと言えば、石でも飛んできそうな時代だが、この流れを断ち切ることができるのは、国民だけである。

日本人は今、旧体制権力者らが作り出した歪みによって、苦しい状況を強いられている。

しかし決して世の中は暗い話ばかりではない。最近では日本でも多くの人たちがインターネットで独自に情報収集をし、安倍政権が進める売国の実態に気付き始めている。安倍政権に指示を出していた勢力も力を失い、逃げ回ることに必死だ。

これはつまり、今の日本には外圧がほとんどない状態であるということ。日本人の手によって、日本が真の独立国家になるチャンスが巡ってきているのだ。

今後世界では、アメリカと中国の覇権争いが激しさを増すだろう。その中で新しい世界の秩序が生まれる。それまでは「産みの苦しみ」に耐えなければならないが、その苦しみはそう長くは続かないと私は見ている。

日本の右翼筋によると、小池百合子都知事との対立で敗北した石原慎太郎などの「警察利権グループ」が追い込まれた結果、日本の警察が永田町の汚職にもメスを入れることができるようになったという。警察は「賄賂で外国人に手懐けられた政治家たち」を逮捕することができるようになった。売国政治家たちが一掃されれば、この国は自由を手に入れるだろう。国民をミスリードしてきた日本の大手マスコミも、古い権力者たちの失脚により後ろ盾を失った。今後は国民目線の報道をしなければ生き残れない時代になる。

日本には今、真の自由、真の独立を勝ち取ることができる最大のチャンスが訪れている。このチャンスをつかめるかどうかは、正しい情報をもとに国民がどういう判断を下すかにかかっている。

その結果、日本にも独立記念日が創設される日が訪れると、私は信じている。遠くないその日に備えて、皆さんも明るい計画を立てておいてもらいたい。

2017年8月　ベンジャミン・フルフォード

P R O F I L E

ベンジャミン・フルフォード
Benjamin Fulford

1961 年カナダ生まれ。80 年代に来日。上智大学比較文化学科を経て、カナダのブリティッシュ・コロンビア大学を卒業。『日経ウィークリー』記者、『フォーブス』アジア太平洋支局長を務める。現在はフリージャーナリスト、ノンフィクション作家として活躍中。
主な著書に『「闇の支配者」最後の日々』（KK ベストセラーズ）、『闇の支配者たちの情報操作戦略　サイオプス』（イースト・プレス）、『日本はなぜ、アメリカに金を盗まれるのか？　狙われる日本人の金融資産』『逆襲のトランプと大激変するアメリカ　日本人が知るべき「世界動乱」の危機』（メディアックス）、『トランプドルの衝撃　新生アメリカはロシアとの白人同盟を目指す』（成甲書房）、『トランプ政権を操る［黒い人脈］図鑑』（扶桑社）など多数。

米中「二大帝国」の戦争はもう始まっている

アメリカの敗北と中国の野望、そして日本の生きる道

2017年9月10日　第1刷発行

著者 ベンジャミン・フルフォード

発行所　株式会社かや書房
〒162-0805
東京都新宿区矢来町113　神楽坂升本ビル3F
電話　03（5225）3732
FAX　03（5225）3748

装丁・本文デザイン　明日修一
発行人　岩尾悟志
編集人　末永考弘
印刷所　株式会社シナノパブリッシングプレス

ISBN978-4-906124-78-7　C0036